So koch(t)en die Lipper

Unseren Eltern

Bettina und Michael Vogtmeier

So koch(t)en die Lipper

Von Pickert, Strohsemmeln und anderen Spezialitäten

Vogtmeier Verlag

Die Autoren: Bettina Vogtmeier, geb. Ebert, Jahrgang 1959, legte ihr Abitur 1978 am Detmolder Stadtgymnasium ab. Nach einer Gärtnerlehre in Münster studierte sie von 1980 bis 1985 Gartenbau an der TU in Weihenstephan. Michael Vogtmeier, Jahrgang 1956, studierte nach seinem Abitur am Detmolder Leopoldinum II im Jahre 1974 von 1976 bis 1981 Germanistik, Geschichte und Philosophie in Bielefeld. Anschließend absolvierte er ein Studium der Psychologie an der LMU München. Im Jahre 1983 promovierte er über das Thema „Die proletarische Autobiographie im Kaiserreich". Die beiden Autoren sind seit 1984 verheiratet und haben eine Tochter. Seit 1987 leben und arbeiten sie in Göttingen. Bettina Vogtmeier ist dort als Berufsschullehrerin, Michael Vogtmeier als Verlagsleiter tätig.

Weitere gemeinsame Buchpublikationen:
Bettina Ebert/Michael Vogtmeier: Die lippischen Wanderziegler,
2., neu gestaltete und aktualisierte Auflage, Rosdorf, Vogtmeier Verlag 2005
ISBN 978-3-938554-01-2

Bibliografische Information der Deutschen Nationalbibliothek
Die Deutsche Nationalbibliothek verzeichnet diese Publikation in der Deutschen Nationalbibliografie; detaillierte bibliografische Daten sind im Internet über http://dnb.d-nb.de abrufbar.

Vogtmeier Verlag, Leinestr. 30, 37124 Rosdorf bei Göttingen

5., durchgesehene Auflage
Die erste, zweite und dritte Auflage dieses Titel erschien 1990, 1992 und 1997 im Landwirtschaftsverlag, Münster

www.vogtmeier-verlag.de

Titelzeichnung: Anne Wöstheinrich, Münster

Satz: LV Druck im Landwirtschaftsverlag GmbH, Münster

Druck und Bindung: AZ Druck und Datentechnik, Kempten/Allgäu
Gedruckt auf chlorfrei gebleichtem Papier
Printed in Germany

ISBN 978-3-938554-19-7

Inhalt

Vorbemerkung zur 4. Auflage

Das vorliegende Buch gehört genauso zur heimatgeschichtlichen Literatur wie zu den Kochbüchern. Neben etwa 150 Rezepten aus der lippischen Küche wird der Leser in den folgenden acht Kapiteln dieses Buches auch manches über Lippe und seine Bewohner, ihre Sitten und Gebräuche im Zusammenhang mit dem Essen und Trinken erfahren. Das Register der Rezepte am Ende dieses Buches erleichert dem Benutzer das Auffinden der einzelnen Rezepte. Die Rezepte sind – soweit nicht anders angegeben – für vier Personen berechnet. Einen Teil der Rezepte, der aus alten, handgeschriebenen Kochbüchern stammt, haben wir in der ursprünglichen Schreibweise belassen.

Wir möchten uns für die vielfältige Hilfe bedanken, die wir bei der Suche nach lippischen Rezepten, nach Geschichten und Anekdoten über Lippe und die Lipper und nach alten Zeichnungen und Photos erfahren haben. Unser Dank gilt insbesondere: Herrn Gerhard Bachler, Horn; Frau Etta Bleckmann, Detmold; Frau Lore Böke, Detmold; Frau Else Brömel, Detmold; Frau Inge von Donop, Wöbbel; Dr. Arnold Ebert, Detmold; Frau Hanne Haverich, Detmold; Frau Clara Kluckhuhn, Heiligenkirchen; Frau Erika Kuhlmann, Spork-Eichholz; Herrn Günther Mühlenbernd, Wellentrup; Frau Elsbeth Nawrotzki, Detmold; Herrn Alexander Nowosad, Schlangen; Frau Topp, Vahlhausen; Herrn Karl Vogtmeier, Detmold; Frau Hildegard Wichmann, Vahlhausen; Frau Irmgard Wichmann, Vahlhausen und Herrn Heinz Wiemann, Dorsten, sowie den Mitarbeitern der Lippischen Landesbibliothek, des Lippischen Landesmuseums und des Nordrhein-Westfälischen Staatsarchives und des Archives für westfälische Volkskunde.

Wir freuen uns, daß dieses Buch – trotz der berühmten Sparsamkeit der Lipper – so viel positive Resonanz gefunden hat, dass es nun in vierter, neu gestalteter Auflage erscheinen kann. Möge das Buch auch in Zukunft viele Freunde unter den Lippern und den zahlreichen Besuchern des schönen Lipperlandes finden.

Detmold, im November 2004

Bettina und Michael Vogtmeier

Vorbemerkung zur 5. Auflage

Das Standardwerk der lippischen Küche liegt hiermit in einer sorgfältig durchgesehenen Neuauflage vor. Wir wünschen viel Spaß beim Lesen und Kochen.

Detmold, im März 2011

Bettina und Michael Vogtmeier

Der Koch.

Die Ehre sättigt nicht, sie speist nur das Gesicht.

Der Braten muß gesalzen seyn
wann er der Zunge wol soll schmecken.
So muß der Reden Saltz erwecken
Den Durst nach lautern Tugend-Wein
Beliebt diß Koch-Werck gleich nicht allen:
so wird es Klugen doch gefallen.

Überraschungen der lippischen Küche

Die meisten Nicht-Lipper werden fragen: Lippische Küche? Gibt es so etwas überhaupt? Kann es in einem so kleinen Land überhaupt eine eigenständige Küche geben? Auch viele Lipper werden bei dem Stichwort „Lippische Küche" zunächst einmal lediglich an eine endlose Folge von Pickert und Leberwurst denken, deren Höhepunkt ein Braunatt bildet, dessen Genuß auch den überzeugtesten Anti-Alkoholiker ganz von selbst zu einem Glas Wacholder oder Korn greifen läßt.
Für beide – Einheimische wie Zugereiste – hält die lippische Küche viele Überraschungen bereit. Ohne Zweifel ist der Pickert das „Nationalgericht" der Lipper, das in zahllosen Variationen und mit den unterschiedlichsten Belägen – von der Leberwurst bis zum Rübenkraut – zubereitet wird. Aber die lippische Küche erschöpft sich keineswegs im Pickertbacken.
Lippes Suppen aus Kartoffeln, Erbsen, Bohnen oder Linsen, kräftig gewürzt mit durchwachsenem Speck, gepökeltem Schweinefleisch und Zwiebeln, sind über die Landesgrenzen hinaus berühmt. Ebenso die köstlichen Aufläufe und Eintöpfe, die ihren Ursprung in der lippischen Sparsamkeit und Genügsamkeit haben. Aufläufe weiß der Lipper aus fast allem zuzubereiten. Ob Fisch oder Fleisch, Käse oder Gemüse, Wurst oder Huhn, Nudeln oder Reis: alles was vom Vortag übriggeblieben ist, wird in Lippe nicht achtlos weggeworfen, sondern sorgsam kleingeschnitten, mit Sauce oder Eiern gebunden und zu einem schmackhaften Auflauf gebacken. Für Lippes Küche besonders typisch ist der Eintopf, der dem Koch hilft, sowohl Zeit als auch Geld zu sparen. Die Grundlage eines lippischen Eintopfes bildet immer die Kartoffel, der dann außer Speck und Zwiebeln je nach Jahreszeit Weißkohl, Steckrüben, Möhren, Bohnen oder Geßelkohl beigegeben werden. Sehr beliebt ist das „Blindhühnchen", ein Eintopfgericht aus Kartoffeln, Möhren und Bohnen.
Neben der Kartoffel sind vor allem die Steckrübe – auch „Lippische Ananas" genannt – und der Kohl Eckpfeiler der lippischen Küche. Während aus dem Weißkohl unter Zugabe von Äpfeln oder Wacholderbeeren ein schmackhaftes Sauerkraut hergestellt wird, schätzt man den Braunkohl („Lippische Palme") im Winter in Lippe vor allem als Beilage zu Kohlwurst oder Rippchen.
In Lippe wird jedoch nicht nur Grobgemüse, sondern auch Feingemüse angebaut. So eignet sich der leichte Sandboden der Senne besonders gut zur Spargelanzucht. Dieser Spargel wird gerne mit lippischem Knochenschinken und Sennekartoffeln gegessen. Berühmt war die lippische Senne früher nicht nur für die Parforcejagden des Detmolder Hofes und seiner Gäste, sondern auch für ihren Honig, den die Bienen von den damals noch zahlreicheren Heide- und Buchweizenblüten sammelten.

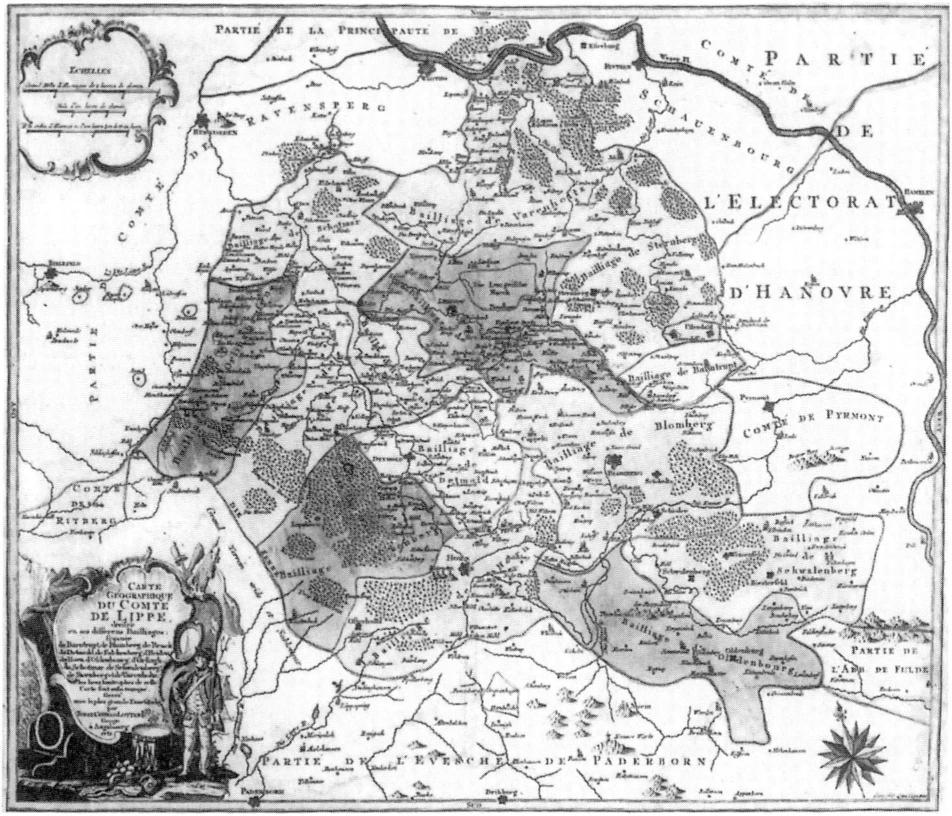

Landkarte der Grafschaft Lippe aus dem Jahre 1762

Die herkömmliche lippische Küche ist im Grunde eine Hausmannskost. Sehr verbreitet sind Zusammenstellungen von süß und sauer, wie zum Beispiel Dicke Bohnen mit Birnen und Essig, Äpfel und Rosinen oder Zwetschgen und Essig, die sowohl der lippischen Linsensuppe als auch dem lippischen Potthast die besondere Note verleihen.

Fleisch bedeutet in Lippe traditionell Schweinefleisch. Auch wenn es heute in den lippischen Schlachtereien vom Lamm- bis zum Kalbfleisch alles zu kaufen gibt, deckt der Lipper den Großteil seines Fleischbedarfs doch noch mit Schweinefleisch. Schnitzel und Koteletts, wie wir sie heute kennen, gab es früher allerdings noch nicht. Das beste Fleisch wurde vielmehr zu Schinken und Würsten verarbeitet. Und diese waren nicht zu Unrecht für ihre ausgezeichnete Qualität bekannt. Der lippische Schinken kam im allgemeinen von Schweinen, die mit den Eicheln der großen lippischen Wälder gemästet wurden. Lippischer Speck und Schinken wurde bereits im Mittelalter ins Ausland exportiert. Die Lipper genossen schon damals den Ruf, daß sie sich auf das „Peckeln", das Einsalzen und Räuchern der Schinken besonders gut verstehen. Es kam sogar vor, daß Köche von ausländischen Höfen nach Detmold geschickt wurden, um dort bei dem Schlacht- und Rauchkoch eine Zeitlang in die Lehre zu gehen.

Unter den Würsten besonders beliebt sind neben der berühmten lippischen Leberwurst vor allem die Kohl- und die Mettwurst. Aber auch lippische Blutwurst oder Sülze ist nicht zu verachten. Sehr überzeugend tritt die lippische Kochkunst bei der Resteverwertung nach dem Schlachten zutage: Hier sind vor allem der lippische Wurstebrei – eine kleingeschnittene Mischung aus Fleischresten und Innereien – und die lippische Blutsuppe – das Braunatt – zu nennen.

Rind- und Kalbfleisch konnten sich die meisten Lipper früher nur ganz selten leisten. Lediglich zu besonderen Anlässen

Aus einer Charakteristik der Lippischen Bauern

Ihre vornehmsten Vergnügungsarten sind die sogenannten Döhnten, Gastereyen, auf welchen jeder Gast dem Gastgeber ein Geschenk machen muß. Hochzeiten, Aufrichtung eines neuen Gebäudes, Kindtaufen, Mergelfahren, neue Fenster einsetzen, und noch unwichtigere Vorfälle sind Veranlassung zu diesen Gastmählern. Zu dem Mahle werden 8 Tage vorher die Gäste mit vieler Feyerlichkeit eingeladen. Am Tage des Gastmahls erscheint jeder mit einem Geschenk für die Küche; hierauf setzt man sich um lange Tische her, und genießt ein Frühstück, Anbiß genannt. Nach diesem wird eine ordentliche Mahlzeit gegeben, die mehrenteils aus Fleisch besteht. Je mehr Fleisch, je köstlicher das Mahl. Bier und Brantewein müssen im Überfluß da seyn. Ist die Mahlzeit genossen, so ziehen sie sich mit dem Aufwärter ums Tischtuch, und lassen es nicht eher abfolgen, bis Toback, Nüsse und Desert gegeben ist, das denn oft den Gastgeber im Frühling und Sommer in Verlegenheit setzt. Drauf tummelt sich das junge Volk nach einigen Geigen herum, das sie tanzen nennen; indeß die Alten mit einem Krug Bier sich um das Feuer oder in die Sonne setzen, und politische Kannengießer machen. Am Abend giebt jeder geladene Gast in ein bedecktes Becken eine Summe Geld, das gehörig aufgeschrieben wird. Die Nachricht davon behält der Gastgeber. Wird er wieder zur Döhnte gebeten, so giebt er grade so viel, nicht einen Heller mehr oder weniger, als er nach Anzeige seiner Schrift von seinem vormaligen Gaste bekommen hat. Es wäre gegen diese Vergnügungen nicht viel einzuwenden, wenn sie nur nicht so oft kämen, und nur Hochzeiten allein dazu veranlassten. Jetzt aber geht viel Zeit damit verloren. Damit kommts denn, daß schon selbst dem Volke diese Gastmähler zur Last werden.

Konrad von Cölln, 1784

wie Hochzeiten und Kindstaufen oder auch während der herbstlichen Kirmestage gab es als besonderen Leckerbissen auch schon mal eine Rinderwurst. Bei aller Sparsamkeit wußten die Lipper schon immer ausgiebig zu feiern. Nicht zu Unrecht sind sie als gute Gastgeber bekannt, vor allem natürlich, wenn die Gäste – wie etwa bei Hochzeitsfesten – beim Kommen ein Geschenk mitbringen und beim Gehen Geld zurücklassen müssen.

Die Gans, die in Lippe traditionell zum Weihnachtsfest gegessen wird, kann mit Zwiebeln, Äpfeln und Rosinen gefüllt werden. Das Blut und das Gänseklein kann mit getrockneten Pflaumen, Äpfeln und Birnen zu dem berühmten „Schwarzsauer" verarbeitet werden, von dem die lippischen Wanderziegler während der Kampagne in der Fremde bei Bohnen, Speck und Schnaps mit großem Heimweh träumten.

Etwas ausgefallener als diese Gänsegerichte ist die Zubereitung von Wildgeflügel und Wildbret. Dieses fand sich früher ausschließlich auf den Speisetafeln des Adels und den Holztischen verwegener Wilddiebe wieder. Alle guten lippischen Restaurants bieten heute eine reiche Auswahl an Rücken-, Keulen- und Lendenbraten aus Reh- und Hirschfleisch, vom Hasen und vom Wildschwein aus heimischen Wäldern an. Wildenten, die früher sowohl am Norderteich als auch am Donoperteich noch sehr viel zahlreicher waren, werden gerne mit weißen Rüben zubereitet, Fasane mit Linsen und Wildkaninchen mit Pflaumen. Kleine Triumphe feiert die lippische Küche auch beim Wild wiederum in der Restever-

wertung: etwa beim Hasenpfeffer oder bei Entenresten mit Wirsing.

Bei den Süßwasserfischen findet man Forellen, Aale, Barsche, Schleien und Hechte. Sie werden meist auf einfache Art zubereitet, gebacken oder gedünstet, manchmal in Bier oder mit Backpflaumen. Früher war in den lippischen Flüssen und auf den herrschaftlichen Tafeln auch der Lachs noch heimisch. Krusten- und Schalentiere sind auf alten Tafelzetteln ebenfalls zu finden, so z. B. Krebse aus lippischen Teichen, meist mit Dill zubereitet. Für die Einfuhr von Seefischen sorgten früher die Kaufleute der Stadt Lemgo, die seit 1293 der Hanse angeschlossen war. Unter den Seefischen war der Hering vorherrschend, ob gebacken oder gebraten, als Auflauf oder Salat.

Bei den Nachspeisen wechseln – je nach Jahreszeit – frisches Obst und rote Grütze aus Gartenfrüchten mit Backobst und Bratäpfeln. Ein Nachtisch war früher in Lippe keineswegs eine alltägliche Selbstverständlichkeit. Im Sommer gab es jedoch nach der Hauptmahlzeit häufig noch entrahmte Milch (Plunnermelke) mit Zucker und Zimt.

Unter Brot versteht man in Lippe in erster Linie Roggen- oder Weizenbrot (Stuten). Das bekannteste lippische Gebäck ist zweifelsohne die Lemgoer Strohsemmel, die gerne mit Butter, Schinken oder Mettwurst gegessen wird. Andere typisch lippische Backwaren sind mit bestimmten Festen verknüpft: so zum Beispiel die Hedewittken (heiße Wecken) mit der Fastenzeit, die Stutenkerle mit dem Nikolaustag, die Hietsehöcke mit dem Weihnachtsfest und die Eiserkuchen mit dem Neujahrsfest. Besonders typisch für lippischen Kuchen ist der sogenannte Platenkuchen, bei dem es sich je nach Belag um einen Butter-, Streusel- oder Obstkuchen handeln kann.

Sowohl zum Kuchen als auch zum Pickert wissen die Lipper seit alters her eine gute Tasse Bohnenkaffee zu schätzen. Zu den meisten anderen Gerichten wird ein frisches Pils getrunken. Das heimliche „Nationalgetränk" der Lipper aber ist der Schnaps: Egal ob Korn oder Wacholder, nach der kräftigen lippischen Hausmannskost mundet ein gut gekühlter Schnaps immer gut.

Das lippische Wappen

„Die Lipper sind ein Völkchen ganz eigener Art", schrieb einmal ein Reisender, nachdem er kreuz und quer durch das Lipperland gereist war. Genau das behaupten auch heute noch viele Lipper von sich.

Obwohl das Lipperland nur etwa 1200 Quadratkilometer groß ist, ist es landschaftlich sehr abwechslungsreich. Es bietet mit seinen Wäldern, Flüssen, Teichen und landwirtschaftlich genutzten Böden die Grundlage für eine vielseitige Ernährung seiner Bewohner. Deshalb konnten Ökonomen auch noch zu Beginn unseres Jahrhunderts behaupten: „Lippe ist

Der Charakter der Bewohner der Grafschaft

Der Lipper, der nicht durch höhere Kultur den Nationalcharakter verbessert und verfeinert hat, also der gemeine Lipper, arbeitet fleißig und anhaltend, aber nicht mit lebhafter Geschwindigkeit. Er hängt an überlieferten Vorurteilen und alten Gebräuchen, ist schwer davon zurückzubringen (...). Ist aber einmal der Lipper von der Güte und den eigenen Vorteilen einer neuen Einrichtung überzeugt, so faßt er sie fest und wirkt standhaft für Ausführung. Und so ist er auch bei angenommener Überzeugung vom Wohlwollen für ihn sehr zutraulich, folgsam und in dieser Gesinnung fest anhänglich an seine Landesherrschaft, wozu ihm seine große Vaterlandsliebe ohnehin den Grundtrieb gibt.

Der Lipper liebt das Wohlleben, und das vorzüglich im Essen und Trinken, worin er, einige Gegenden ausgenommen, nicht so genügsam ist, wie es für seine bessere Wohlfahrt gut wäre. Jedoch ist er durch ein weises Gesetz unseres gottseligen Landesherrn und genaueste Erfüllung desselben vom Hang für Vollsäuferei sehr zurückgebracht worden, Hang dazu wenigstens nicht mehr herrschend.

Ferdinand Bernhard von Hoffmann, 1786

ein Selbstversorgungsgebiet in fast jeder Beziehung, wie man es auf so kleinem Raum nicht so leicht wiederfindet."

Da Lippe erst sehr spät Anschluß an größere Verkehrswege bekam – erst im Jahre 1880 wurde die erste Eisenbahnlinie durch Lippe eröffnet – glich das kleine Land lange Zeit fast einer Insel, deren Bewohner zum Teil bis heute ein stark ausgeprägtes Grenzgefühl besitzen. Zusammen mit der zögernden Haltung der Lipper gegenüber allen Neuerungen und ihrer sprichwörtlichen Sparsamkeit hat dies sicherlich dazu beigetragen, daß sich die einfache ländliche Küche Lippes nahezu unverfälscht bis in unser Jahrhundert erhalten hat. Erst seit dem Ende des Zweiten Weltkriegs fand die internationale Küche mehr und mehr Einzug in den Speiseplan lippischer Familien. Erst seit den sechziger Jahren gehört die gefüllte Paprikaschote auch in lippischen Haushalten zum Standardrepertoire. Trotz der Möglichkeiten, Obst, Gemüse und Gewürze aus allen Teilen der Erde heutzutage auch auf lippischen Märkten und in lippischen Geschäften zu kaufen, wird auch heute noch in vielen lippischen Familien nach den überlieferten lippischen Rezepten gekocht.

Butterstempel des 19. Jahrhunderts mit Lippischer Rose und Fürstenkrone

Küchenecke in einem Ackerbürgerhaus in Horn. Gemälde von Andreas Montan (um 1900)

Dienstag Mittags Fürstliche Tafel auf den Geburtstag unserer Durchlauchtigsten Fürstin, am 23ten Februar 1776.

Erster Gang Mundkoch Dornheim.

1.) 2.) Suppe au Jus.
Brod Suppe.

3.) 4.) Sauerkohl.
Weißrüben.

5.) 6.) Welsche Hüner a la broche, mit Champignon.

7.) 8.) Gefüllte Karpfen mit Soße.

9.) 10.) Rindfleisch a la Creme.
Geräuchert Rindfleisch.

11.) 12.) Kalbs-Keule en Fricando.

6. Assietten.

1.) 2.) Bratwürste.

3.) 4.) Kleine Pasteten.

5.) 6.) Croquettes von Hüner.

Zweiter Gang Mundkoch Vogel.

1.) 2.) Rehbraten.
Kalbs-Braten.

3.) 4.) Friccadellen von Forellen, mit saurer Gellée, oder Senfsoße, warme welsche Bohnen.

5.) 6.) Gellée und blanc mangee.

7.) 8.) Warme Pastete von Hüner.

9.) 10.) Linzer torte.

11.) 12.) Geräucherten Lachs.

6. Assietten.

1.) 2.) Schmand Schaum.

3.) 4.) Compot.

5.) 6.) Grünen Sallat.

Fürstlicher Tafelzettel

Dienstag Mittags Fürstliche Tafel auf den Geburtstag unserer Durchlauchtigsten Fürstin den 23ten Februar 1796

Erster Gang Mundkoch Dornheim

1.) Suppe au Jus
2.) Reis Suppe
3.) Sauerkohl
4.) Steckrüben
5.) Welsche Hüner à la brioche
6.) mit Champignon
7.) 8.) gefüllte Karpfen mit Soße
9.) Rindfleisch à la Creme
10.) Geräuchert Rindfleisch
11.) 12.) Kalbskeule en Fricando

6. Assietten

1.) 2.) Bratwürste
3.) 4.) kleine Pasteten
5.) 6.) Croquettes von Hünern

Zweiter Gang Mundkoch Sagel

1.) Rehbraten
2.) Kalbs-Braten
3.) Friccadellen von Forrellen,
4.) mit saurer Gellee, oder Seefische; wenn welche kommen.
5.) 6.) Gellée und blanc mangee
7.) Warme Pastete von Hüner
8.) 9.) Linser Torte
11.) 12.) Geräucherter Lachs

6. Assietten

1.) 2) Schmand-Schaum
3.) 4.) Compot
5.) 6) grüner Sallat

1·7·3·5

Die ländliche Küche

Die typisch lippischen Gerichte haben sich vor allen Dingen in der ländlichen Küche ausgeprägt, und zum großen Teil werden sie dort heute noch gekocht. Der Oerlinghauser Pastor Georg Conrad von Cölln beschrieb 1784 in einer „Charakteristik der Lippeschen Bauern" auch deren „Lebensart in Essen, Trinken, Schlafen und Kleidung." Dort erfahren wir: „Er [der lippische Landmann] liebt starke, schwer zu verdauende Speisen. Gewöhnlich ißt er viermal des Tages. Des Morgens, des Mittags, des Nachmittags und des Abends. Letztere Mahlzeit ist die stärkste und heißt Nachtmisse." Der Tagesablauf mit diesen Mahlzeiten hat sich bis in die erste Hälfte unseres Jahrhunderts kaum verändert. Allerdings ist im 19. Jahrhundert noch ein fünftes Essen hinzugekommen, und zwar das zweite Frühstück.

Fünf Mahlzeiten am Tag erscheinen uns heute vielleicht etwas viel, man muß sich dabei jedoch einmal die Länge des Arbeitstages auf dem Lande in Erinnerung rufen. Im Sommer begann die Arbeit nämlich schon um 4 Uhr morgens, und das mit leerem Magen! Im Winter wurde „erst" um 5 Uhr geweckt. Man kann sich gut vorstellen, daß der Magen um 6 bzw. 7 Uhr, als es das erste Frühstück gab, schon fast in den Kniekehlen hing. Diese erste Mahlzeit am Tag wurde auch *Imbt* genannt. Sie bestand fast immer aus Hafergrütze, die mit Milch gekocht war, bei vielen aber auch nur mit Wasser. In diese *Hawergrütte* plockte man sich soviel Brot wie man mochte bzw. wie vorhanden war. Manchmal wurde die morgendliche Grütze auch verächtlich als *Plür* bezeichnet, ein Wort, das in Lippe auch heute noch für wäßrige Suppen oder wäßrigen Kaffee gebräuchlich ist.

Wie das erste Frühstück der Leute auf dem Dören aussah, beschrieb E. F. Küstermann 1863 rückblickend in seiner Geschichte über Augustdorf: „Für gewöhnlich aber wurde des Morgens eine weißliche Suppe, ein Süppchen, gegessen, das aber wenig Prozente Grütze, Mehl und Milch enthielt, das meiste war Wasser, man aß Brot dazu. Wie in solchen Zeiten die Grützesuppe schmecken mußte, läßt sich denken. Ein Gut noch, wenn die Buchweizenernte gut ausgefallen war, und etwas mehr Grütze als gewöhnlich genommen werden durfte. Das [zweite] Frühstück, wenn eins gegessen wurde, bestand aus Brot und aus Kartoffeln, die in der Asche, von der Morgensuppe her, gebraten oder vom vorigen Tag erübrigt waren. Dazu trank man nicht Wein, nicht Bier, nicht Branntwein, sondern – Wasser, wenn man nicht Eichelkaffee hatte."

Auf den größeren Höfen oder sonntags gab es als besonderen Leckerbissen Rinderwurststückchen in der Grütze. Gelegentlich boten Gerstengrütze oder Grießsuppe etwas Abwechslung am Morgen. Grütze wurde nicht wie heute fertig im Geschäft gekauft, sondern selber mit Grützemühlen gemahlen, was harte Arbeit war. Darauf bezieht sich wohl auch das Sprichwort: *Heu söcht keunen Hawern, heu söcht der fergen Grütte* – er sucht keinen Hafer, er sucht die fertige Grütze, was man von Leuten behauptete, die sich gerne um schwere Arbeit drückten. Jedes Dorf hatte früher eine

Grützemühle, nur die großen Höfe hatten eine eigene. Welche Rolle das Grützeessen *(Grütteeten)* in damaliger Zeit spielte, läßt sich auch aus zahlreichen anderen Sprüchen und Sprichwörtern ermessen. So mancher schwärmte von Bergen aus Butter und Tälern aus Grütze:

Wenn olle Berge Botter wörn
und olle Grünne Grütte,
de Sunne up de Berge schuin:
Wat soll dat för eun Freeten suin.

Einen Geizhals, der die Grütze einzeln in den Topf zählte, nannte man *Grüttetehler.* Damit das Frühstück lange genug vorhielt, war das eingeplockte Brot sehr wichtig. Von einer heiratsfähigen Frau aus guten Verhältnissen sagten die Lipper deshalb: *„Et hät düjet wat inne Melke teo brokken"* – Sie hat tüchtig was in die Milch zu plocken. In vielen Familien gab es Grütze- oder Mehlsuppen jedoch nicht nur zum Frühstück, sondern den ganzen Tag. Dann hieß es:

Siupen, wenn eck upstoh,
Siupen, wenn eck int Bedde goh,
Siupen olle tuit
makt mui den Biuk so wuit!

Das zweite Frühstück wurde dort eingenommen, wo man gerade war. Im Sommer wurde es auf das Feld gebracht. Dort wurde meist *öwwern Diumen,* über den Daumen gefrühstückt, wobei man sich von Wurst oder Speck mit dem Messer ein Stück abschnitt und dazu dicke Scheiben Brot aß. Später wurden in einigen Familien auch fertig geschmierte Butterbrote zubereitet. Wurden diese ausnahmsweise mal nicht alle aufgegessen, sondern wieder mit nach Hause gebracht, waren sie bei den Kindern als *Hasenbotter,* Hasenbutterbrote, heiß begehrt.

Damit das Frühstück besser rutschte, gab es für die Männer einen ordentlichen Schluck Branntwein. Bei dem einen blieb es allerdings meist nicht, denn bekanntlich kann man auf einem Bein schlecht stehen. Als erfrischend galt vor allem in der Erntezeit das Brotwasser *(Brautwater),* das man aus alten, in Wasser eingeweichten Brotrinden herstellte. Dieses Getränk wurde in einem Gefäß mit auf's Feld genommen, wo

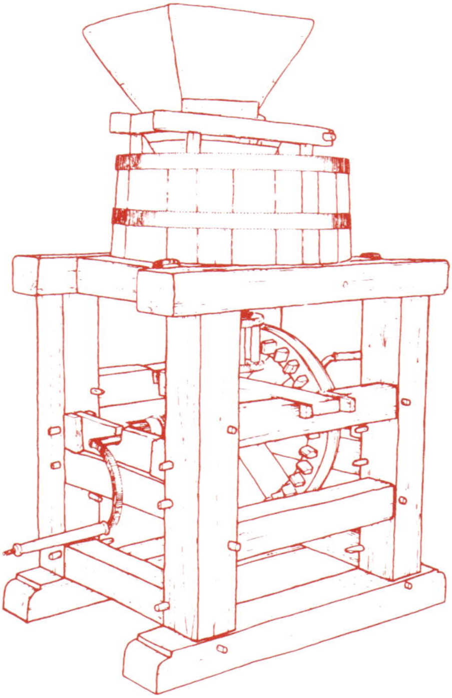

Alte lippische Grützemühle

es in fließendes Wasser oder in den Schatten gestellt wurde. Das Brot wurde nicht mit verzehrt, sondern abends an das Vieh verfüttert. So konnten in hervorragender Weise die Endstücke der Brote *(Kneoste)* und trockene Brotscheiben verwertet werden.

Im Winter wurde im Haus gefrühstückt. Dort wurden Brot und Butter auf den Tisch gestellt, während der Brotbelag – Sülze, Blut- oder Leberwurst und Speck – jedem einzelnen zugeteilt wurde. Zur Schlachtezeit gab es Wurstebrei, der in einigen Gegenden auch *Kreuse* oder *Knappsel* genannt wird. Sparsame Hausfrauen dehnten die *Kreuse- un Sültetuit* (Wurstebrei- und Sülzezeit) so lange wie irgend möglich aus, denn dann reichte die Wurst später um so länger.

Nach dem zweiten Frühstück setzten die Frauen gleich das Mittagessen auf, denn es wurde schon um 11 Uhr gegessen – verständlich, wenn man bereits um 4 Uhr aufstehen mußte. Das Mittagsmahl bereitete man immer in nur einem Topf, weshalb es Durcheinander bzw. auf lippisch Platt *Düreunanner* genannt wurde. So sparte man Heizmaterial, Geschirr und natürlich auch Zeit. Die dreibeinigen Kochkessel – *Grapen* genannt – bestanden aus Bronze oder Eisen. Sie wurden am Wendebaum mittels einer Kesselkette über dem offenen Herdfeuer aufgehängt. Je nach benötigter Hitze hing man den Topf hoch oder tief über das Feuer.

Eine besonders energiesparende „Erfindung“ stellte die Kochkiste dar, eine Holzkiste, die mit Heu gefüllt war. Darein setzte man den Topf mit dem kochenden Mittagessen, das dann von alleine zwei bis drei Stunden weiter garte. So konnten auch die

Frauen auf das Feld gehen, denn niemand mußte sich um das Herdfeuer kümmern.

Was nun in den Topf kam, hing ganz entscheidend von der wirtschaftlichen Lage der Familie ab. Bei den Einliegern mit nur wenig gepachtetem Gartenland oder bei den Kleinstbauern war der Speisezettel sehr viel eintöniger als bei den Voll- und Halbmeiern. Ausschlaggebend war auch die Jahreszeit, denn es ist noch nicht lange her, daß Gemüse und Obst aus allen Ländern der Erde eingeführt werden, so daß man inzwischen fast ganzjährig Erdbeeren, Spargel, grüne Bohnen und vieles mehr kaufen kann. Noch bis zum Zweiten Weltkrieg war man fast ausschließlich darauf angewiesen, welche Früchte des Gartens und Feldes gerade reif waren. Natürlich ist das Konservieren durch Trocknen und Salzen seit altersher bekannt, doch haben auch diese Methoden ihre Grenzen.

Ganzjährig standen in jedem Fall die Kartoffeln zur Verfügung, die die Grundlage der meisten Eintöpfe bildeten und wechselweise mit anderen Gemüsen zusammen gekocht wurden. Im Sommer gab es wieder Möhren *(Worcheln)* und frische Gartenbohnen, aus denen das in ganz Lippe bekannte und noch heute beliebte Blindhühnchen *(Blindheohn)* zubereitet wurde. Das sogenannte Sommer-Blindhuhn enthielt sowohl weiße als auch grüne Bohnen, während man beim Winter-Blindhuhn auf die grünen Bohnen verzichten mußte. Die grünen Fitzbohnen *(Vietsebauhnen)* wurden geschabt *(Scherfütze- oder Schäretsbauhnen)* und kleingeschnitten *(Schnippelbauhnen)* verwendet. Eingemachte Fitzbohnen kochte man zum Teil mit gehackten Rückgratknochen vom Schwein. Dieses Gericht nannten die Lipper *„ingemakte Kellertreppen mit hackten Muisen"*, also eingemachte Kellertreppen mit gehackten Mäusen.

Die grüne Gartenbohne kam – genau wie die Kartoffel – erst nach der Entdeckung Amerikas von dort nach Europa. Als ein Hauptnahrungsmittel diente dagegen schon im Mittelalter die Dicke oder Große Bohne *(Graute Bauhne)*, die in einigen Gegenden auch Puff- oder Saubohne heißt. Wie die Erbsen lassen sie sich gut trocknen und können das ganze Jahr über gegessen werden. Sie standen an erster Stelle der verzehrten Gemüse. Sie kamen nicht nur in den Eintopf, sondern wurden auch zu Suppen verarbeitet, die im Volksmund *Bullersoppen* genannt wurden – warum, kann man sich vorstellen. Erbsen und Bohnen waren auch für die lippischen Wanderziegler fast das einzige, was sie während der

Kampagne in der Fremde aßen. Die Hülsenfrüchte waren von so großer Bedeutung, daß der Zieglerdichter Friedrich Wienke ihnen einige Verse gewidmet hat.
Vom Herbst bis zu Silvester kamen Steckrüben *(gelle Steckroiwe)* in das Durcheinander. Sie sind als lippische Ananas bekannt – vielleicht wegen ihres leicht süßen Geschmacks. Da Steckrüben in der Nachkriegszeit bei vielen Familien fast täglich auf den Tisch kamen, waren sie noch bis vor kurzem sehr unbeliebt. Doch langsam findet man sie wieder häufiger auf den Wochenmärkten. Vor allem von jungen Leuten, die die Jahre nach dem Krieg nicht mehr miterlebt haben, werden Steckrüben gerne mit einem Stück Schweinebauch oder Kasseler gegessen.
Früher war Fleisch im Eintopf keine Selbstverständlichkeit. Bis zum Frühjahr gab es – wenn genügend geschlachtet worden war – *Fleusk iutn Troge,* so hieß in Lippe das im Troge eingesalzene Schweinefleisch. Gepökeltes Rindfleisch kannte man nur auf den großen Höfen. Später im Jahr wurde Speck mitgekocht, doch auch nicht jeden Tag. Fleisch bzw. Speck gab

Zieglers Saure-Gurken-Zeit

Heute Erbsen, morgen Bohnen
Schafft der Koch sich als Gericht;
Speck und Früchte muß er schonen
Und Kartoffeln hat er nicht.
Wenn das liebe Brot nicht wär,
Lebten wir schon längst nicht mehr.

Friedrich Wienke

Von den großen Gartenbohnen.

Unter allen Nahrungsmitteln, die bei dem jezigen Mangel und hohen Preise des Korns stat des Brodes angepriesen worden, hat noch niemand der großen Gartenbohnen erwehnet. Es ist wahr, der Obersachse nent sie Saubohnen, und glaubt, daß sie wol eine Speise für die Schweine, aber nicht für die Menschen sey. Allein die Niedersachsen und Westphälinger kennen ihren Wehrt besser. Sie verspeisen sie nicht nur jung und grün als ein sehr angenehmes Gemüse, sondern sie werden auch alt und trokken häufig von ihnen gekocht und genossen. Sie sind eine ungemein nahrhafte und sätigende Speise, und können ohne alles Brod gegessen werden. Blos mit Wasser abgekocht und in Salz getunkt, sind sie nicht unangenehm, mit Spek aber, für diejenigen, die deren gewohnt sind, ein Lekkerbissen.

Lippische Intelligenzblätter

Die Erbsen

O Erbsen,
o Erbsen, du schönes Gericht.
Davon man im Sommer
und Winter oft spricht,
Ihr gebt uns wohl Kräfte
zur mühvollsten Tat.
Doch kommt ihr tagtäglich,
dann wird man euch satt.

Friedrich Wienke

es ein- bis zweimal pro Woche, in vielen Familien kam jedoch wochenlang weder Fleisch noch Wurst oder Speck auf den Tisch. Der einzige Fettlieferant war dann das Rüböl. Ein Gemüseeintopf mit z. B. Kohl, in dem nur ein paar kleine Speckstücke wie Läuse herumschwammen, wurde von den Lippern schon mal mit dem Kommentar bedacht: *„De Luis in'n Potte will den Kaul nich fetten',* doch erwiderte die schlagfertige Köchin dann oft spitz: *„Better'ne Luis in Kaul os gar nen Fett".*
Kohl war übrigens ein weiteres Standbein der lippischen Küche. Er wurde scherzhaft als Pansenfutter *(Pansenfewwer, Pansenfeor)* bezeichnet, weil man nach seinem Genuß oft aufstoßen muß, was man wohl mit den Wiederkäuern in Verbindung brachte. Besonders häufig waren natürlich die Kopfkohle. In jedem ländlichen Haushalt wurde im Spätherbst Sauerkraut *(Siwwankaul, Siuwern Töns)* hergestellt. Dazu wurde der Weißkohl *(Kumst)* an einem bestimmten Tage vom Hausherrn im Garten geschnitten und mit Karren in die Diele gefahren. Einer der Männer hobelte den von den Frauen entblätterten Kohl. Wenn eine entsprechende Menge gehobelt war, wurde der Kohl in einem großen Holzfaß, das mit Eisenringen zusammengehalten wurde, unter Zugabe von Salz eingestampft. Das Ganze wurde mit einem Deckel, den man mit Steinen beschwerte, zugedeckt. Nach vier bis sechs Wochen war aus dem Weißkohl durch die einsetzende Gärung Sauerkraut geworden. Selbstverständlich wurde ein Teil des Weißkohls auch frisch verzehrt, z. B. mit Kümmel angemacht, was die Lipper als *Hemdschläppe met Floihen* kennen, auf Hochdeutsch „Hemdzipfel mit Flöhen".

Lippischer Wahlspruch

Wer blaus den leuven Got löt waulen,
Ett Siurkriut und Schwuinespeck,
Un drinkt metunner'n lüttken Aulen,
Deu kümmt auck dür den dicksten Dreck.

Kohl war offensichtlich auch eine beliebte Abwechslung für besonders arme Leute. Manchmal war die Ernte in fremden Gärten wohl die einzige Gelegenheit, an das begehrte Gemüse zu gelangen. Doch die Gartenbesitzer hatten dafür wenig Verständnis. So wurde beispielsweise 1726 zwei Kumstdieben von der Hummernheide – heute Wahmbecker Heide – der Prozeß gemacht, weil sie in den Lemgoer Küchengärten, die damals außerhalb der Stadtmauern lagen, Weißkohl entwendet hatten. Zur Strafe kamen sie auf dem Lemgoer Markt in ein Halseisen und wurden mit Kohlköpfen „garniert". Anderen Gartendieben ging es in der damaligen Zeit nicht besser. Sie wurden in einen mit Gartenfrüchten bemalten Wasserkorb gesperrt, der auf einer Wippe stand. So konnte jeder Vorübergehende die Diebe beliebig lange untertauchen.
Bis in die 50er Jahre unseres Jahrhunderts war der Anbau von Braunem Kohl im Lipperland weit verbreitet. Dieser Blätterkohl ähnelt dem Grünkohl, er unterscheidet sich von diesem aber sowohl durch die Farbe als auch durch die Wuchskraft. Die Stengel und Blätter des Braunkohls sind rötlichblau überzogen und wirken braun – daher der Name. Mit 1,50 m wird Braunkohl auch wesentlich höher als der übliche Grünkohl. Daß der Braunkohl in Lippe

schon lange bekannt und typisch für diesen Landstrich ist, zeigt folgende Begebenheit: Graf Otto zur Lippe-Brake wurde 1626 Mitglied in der sogenannten „Fruchtbringenden Gesellschaft“. Jedes Mitglied mußte sich ein Gemälde in Kupfer stechen lassen, das seinen Gesellschaftsnamen symbolisierte. Da sich Graf Otto „Der Braune“ nannte, zeigt sein Kupferstich eine Braunkohlpflanze in einem Kohlgarten mit dem Braker Schloß im Hintergrund.

Der Braunkohl diente sowohl der menschlichen als auch der tierischen Ernährung. Im Sommer wurden laufend die unteren Blätter entfernt und an die Ziegen verfüttert. Da den Pflanzen bei dieser Methode ein Blätterschopf am Ende eines langen Stammes blieb, wurden sie wegen ihres exotischen Aussehens üblicherweise als „Lippische Palme“ bezeichnet. In den Kochtopf kam der Braunkohl erst, wenn im Winter der Frost über die *„Kohlprölle“* gegangen war, denn erst dann ist er – genau wie Grünkohl – so richtig schmackhaft. Er wurde bzw. wird dann am liebsten mit einem großen Stück lippischer Kohlwurst gegessen. Im Winter lieferte Braunkohl wegen seiner Frostbeständigkeit noch lange frisches Gemüse. Da die Pflanzen so hoch wurden, hatten die Kaninchen meist das Nachsehen – anders als beim Grünkohl. Der übriggebliebene Braunkohlstrunk wurde wiederum an die Ziegen verfüttert. Seit den 50erJahren wird in Lippe immer seltener Braunkohl angebaut. Der Verein Alt Lemgo im Lippischen Heimatbund hat es sich zur Aufgabe gemacht, diesem typisch lippischen Kohl zum erneuten Einzug in die Gärten zu verhelfen. 1988 verteilten die Mitglieder des Vereins auf dem Lemgoer Markt Braunkohlpflanzen, deren Erträge im Herbst bei einem deftigen Braunkohlessen verspeist wurden.

Nicht ganz so häufig, aber dennoch in ganz Lippe bekannt, war das Stielmus, ein Gemüse, das man aus den jungen Trieben von Mairüben kocht. Es wurde auch – genau wie Weißkohl und Schnippelbohnen – in Salz eingelegt.

Geßelkohl ist heutzutage nur noch unter dem Namen Geißfuß oder Giersch als ein lästiges Unkraut bekannt. Als solches wuchs es auch damals schon, doch wußte man hieraus eine leckere Mahlzeit zu bereiten. Im Mai wurden die jungen Blätter des Geßelkohls gesammelt und zusammen mit jungen Brennesseltrieben gekocht. Ähnlich wurde auch *Kühmkaul,* ein Ge-

DEr Braunkol/ zum gemüs' und zur gesundheit nutze/
Die inre fäul' im leib' er weg gelinde nimmet:
Braun nach der farb' ich heis/ der kranckheit vorgeschü
Wird durch gesunde kraft: weil uns dann ist bestimmet
Zu beissen eins ins gras/ so werde nicht getrutzt/
Auf alzufetten Kohl/ dan wan das feüer glimmet
Des Herren scharffen zorns/ und Gott der Seelen ruft/
Der leib mus unters gras in eine tieffe gruft.

1626.

richt aus frischen Kümmeltrieben zubereitet. Kümmel wuchs früher wild auf lippischen Wiesen.
Im nationalsozialistischen Deutschland wurde das Eintopfessen zur Ideologie erhoben. Einen Sonntag im Monat sollten alle Deutschen in Gasthäusern oder zu Hause „im Geiste vereint" ein preiswertes Eintopfgericht essen. Was so gegenüber einem üppigeren Sonntagsmahl eingespart wurde, sollte dem Winterhilfswerk zugute kommen. Auch in lippischen Zeitungen wurde für den Eintopf geworben, wie das Beispiel der letzten Strophe eines Gedichtes zum Eintopfsonntag zeigt.

Zum Eintopfsonntag

Was in vielen Töpfen schichtet,
und dem Stümper nicht gedeiht,
macht, in einem Topf gerichtet,
ganze Kunst zur Köstlichkeit!
Und, an solchem Maß gemessen,
mundet uns das Eintopfessen,
ja, es ist in diesem Licht
nicht einmal mehr ein Verzicht.

Lippische Staatszeitung, 1938

Noch mehr als heute galt Spargel als ganz besondere Delikatesse, die sich nur wohlhabendere Familien leisten konnten. Der leichte lippische Sandboden, wie er z. B. in Pivitsheide vorkommt, ist für den Spargelanbau besonders geeignet. Als erste Familie in Pivitsheide legten die Inhaber des Eichenkruges Spargelbeete an. Die Ernte wurde dann im Mai zusammen mit Sennekartoffeln und lippischem Schinken genossen. Ein Nachtisch *(Nohkost)* war nicht überall üblich, schon gar nicht täglich. Im Sommer gab es aber häufig Plundermilch *(Plunnermelke),* in die man meistens Brot plockte. Am liebsten wurde sie mit Zucker und Zimt gegessen. Plundermilch war entrahmte Milch. Frisch gemolkene Kuh- oder Ziegenmilch wurde früher in kleine, flache Tonschälchen, die sogenannten *Setten,* gefüllt und in den Milchschrank gestellt. War kein Milchschrank vorhanden, stellte man die *Setten* auf schmale Bretter, die unter die Decke der Wohnstube gezogen wurden, weil es dort etwas wärmer war. Nach kurzer Zeit hatte sich der Sauerrahm oben abgesetzt. Er wurde abgepustet, mit einem hölzernen Löffel abgenommen oder einfach mit dem Finger abgestreift und kam in den Schmandtopf, der kühl und dunkel aufbewahrt wurde. Ein- bis zweimal in der Woche wurde der Sauerrahm verbuttert. Obwohl die Butter selbst hergestellt wurde, mußten die meisten Familien auf dem Lande sehr sparsam mit ihr umgehen. Sie wurde nämlich so weit wie möglich in der Stadt verkauft, um etwas Bargeld zu bringen, oder sie wurde beim Kaufmann gegen Ware eingetauscht.
Der sparsame Umgang mit Butter wurde sogar vom Landesherrn befohlen. Nach einer Landesverordnung der Grafschaft Lippe vom Jahre 1752 durfte das Gesinde nur einmal am Tag Butter zum Essen erhalten. Die in den *Setten* verbliebene Milch war die beliebte Plundermilch. Daraus ließ sich auch hervorragend mit Salz und Kümmel gewürzter Koch- und Handkäse herstellen. Seit dem Aufkommen von Molkereien gegen Ende des 19. Jahrhunderts wurde immer seltener eigene Butter hergestellt, so daß auch immer weniger Plundermilch übrigblieb.

Alte Lipperin beim Buttern

Zur Erntezeit gab es zum Nachtisch *Sülde-birn,* Sommerbirnen, die mit Senfkörnern gekocht und in Steintöpfen aufbewahrt wurden. Im Winter durchzog zuweilen der herrliche Duft von Bratäpfeln das Haus.

Gegen 3 Uhr nachmittags wurde die Arbeit durch das Kaffeetrinken unterbrochen. Es gab fast überall Roggenkaffee, dazu Brote mit Butter und Zwetschgenmus *(Schwetskensapp)* oder Rübenkraut *(Rübenstipp),* aber auch mit selbstgemachtem Käse. In manchen Gegenden Lippes wurde während der Erntezeit noch eine Vesper eingelegt, zu der es dann Brote mit Speck und für die Männer mal wieder einen Schnaps gab. Um Michaelis war es mit der Vesper vorbei. Es hieß dann überall: *„Michelsdag holt den Vepersack“.*

Erst wenn nach der täglichen Arbeit auch sämtliches Vieh gefüttert und versorgt worden war, setzte man sich zum Abendessen, das in Lippe auch *Nachtmisse* oder *Omteeten* heißt. Meistens wurden die aufgewärmten Reste vom Mittagessen aufgetischt. Wenn das nicht reichte, wurden auch schon mal Kartoffelpuffer oder Eierpfannkuchen gebacken. Oft gab es eine Milchsuppe mit Brot. Besonderer Beliebtheit erfreuten sich *Gruise Greuten* oder *Grotse Groitken,* die aus Buttermilch mit Grütze oder Graupen gekocht wurden. Das *Suipken,* ein Süppchen bzw. Brei aus Roggenmehl und Milch, wurde abends mit Birnensirup übergossen und gesüßt, denn Zucker war lange Zeit als Kolonialware zu teuer. Dieser Birnensirup wurde aus den sogenannten *Hannigbirnen* (Honigbirnen) gekocht, deren besonders süße Früchte sich hervorragend für die Herstellung von Sirup verwenden ließen. Nach dem Abendessen saß man noch ein Weilchen in der Stube zusammen, um sich allerlei *„Dönchen“* zu erzählen, bevor man gegen 9 Uhr zu Bett ging.

An Sonn- und Festtagen gab es häufiger Fleisch. Wenn im Winter geschlachtet worden war, ließ man sich auch Schweinebraten schmecken. Sonst gab es beispielsweise Mehlpfannekuchen oder Arme Ritter. Während vor langer Zeit Dicker Reis mit Zucker und Zimt ein ausgesprochenes Hochzeitsessen war, kam es im letzten Jahrhundert schon an normalen Sonntagen auf den Tisch. Statt dessen gab es auf Hochzeiten dann meist Rinderwurst mit Reis.

Hafergrütze

125 g Hafergrütze
$^1/_2$ l Wasser
$^1/_2$ l Milch
Salz

Die Grütze wird einige Male mit klarem Wasser gewaschen, bevor man sie mit kaltem Wasser aufsetzt und möglichst einige Stunden quellen läßt. Sie wird dann so lange gekocht, bis sich die Grützekörner am Topfrand zerquetschen lassen. Dabei muß hin und wieder umgerührt werden, damit es nicht anbrennt. Nun rührt man die Grütze durch ein Sieb, bringt sie wieder zum Kochen, gibt Milch und Salz dazu und läßt sie noch weitere 15 Minuten leicht kochen.

Gerstengrütze

Pro Person rechnet man:
50 g Gerstengrütze
100 ml Wasser
Salz

Die Grütze wird trocken in einen Topf gegeben und so lange erwärmt, bis sie einen angenehmen Duft verströmt. Dann läßt man sie etwas abkühlen, gibt das Wasser dazu und läßt sie 5 Minuten kochen. Man nimmt die Grütze vom Herd, schmeckt mit Salz ab und läßt sie noch $^1/_2$ Stunde nachquellen.
Statt des Wassers kann man auch Brühe verwenden.

Buchweizengrütze

250 g Buchweizengrütze
1 Zwiebel
$^3/_4$ l Wasser
Petersilie
1 Lorbeerblatt
Salz, Pfeffer

Der Buchweizen wird leicht angeröstet und in eine Pfanne gegeben, in der die gehackte Petersilie und die Zwiebel gedämpft wurden. Gewürzt wird mit Salz, Pfeffer und Lorbeer. Dann wird mit Wasser aufgefüllt. Die Grütze muß etwa 2 Stunden kochen.

Grießsuppe

50 g Grieß
1 l Brühe
20 g Butter
Petersilie, Schnittlauch
Salz

Der Grieß wird unter Rühren in der Butter erhitzt, bis er hellgelb ist. Dann wird mit Brühe aufgefüllt. Wenn es kocht, nimmt man den Topf vom Herd und läßt die Suppe noch 10 Minuten nachquellen. Sie wird mit gehackten Kräutern angerichtet.

Buttermilchsuppe mit Graupen

$^1/_2$ l Buttermilch
$^1/_2$ l Wasser
40 g Graupen
10 g Mehl
250 g Backpflaumen
40 g Zucker
Salz

Die mit kaltem Wasser aufgesetzten Graupen bringt man schnell zum Kochen und läßt sie 1 Stunde garen. Die über Nacht eingeweichten Backpflaumen werden im Einweichwasser gekocht, bis sie gar sind. Das Mehl wird mit der Buttermilch verrührt, die dann ebenfalls zum Kochen gebracht wird. Die Graupen und Backpflaumen gibt man in die gebundene Buttermilch und schmeckt mit Zucker und einer Prise Salz ab. Der Zucker kann auch durch Birnensirup ersetzt werden.

Gekochte Buttermilchspeise

1$^1/_2$ l Buttermilch
45 g Mehl
4 EL Sirup
1 Zitrone
Salz

Damit die Buttermilch nicht gerinnt, verrührt man sie zunächst mit dem Mehl. Unter ständigem Rühren wird sie dann schnell zum Kochen gebracht. Mit Sirup wird gesüßt und mit Zitrone und einer Prise Salz abgeschmeckt.

Kalte Buttermilchspeise

1$^1/_2$ l Buttermilch
45 g Gelatinepulver
etwas Zitronenschale
2 Tropfen Zitronenessenz
4 EL Zucker
Salz

Den Zucker und die Gelatine löst man in wenig heißem Wasser auf. Wenn es wieder etwas abgekühlt ist, rührt man alle Zutaten 5 Minuten gut durch.
Statt mit Zucker kann man auch mit Birnensirup süßen.

Sommer-Blindhühnchen

1 kg Kartoffeln
500 g grüne Bohnen
250 g weiße Bohnen
375 g Möhren
250 g durchwachsener Speck
2 Äpfel
2 Birnen
Salz, Pfeffer

Der Speck und die über Nacht eingeweichten weißen Bohnen werden im Einweichwasser gekocht. Nach 90 Minuten nimmt man den Speck heraus und gibt die fein geschnippelten grünen Bohnen und die gewürfelten Möhren dazu. Wenn das Gemüse beinahe gar ist, kommen die geschnittenen Kartoffeln und die geschälten, geviertelten Äpfel und Birnen hinzu. Der Speck wird nach Belieben in kleinere oder größere Stücke geschnitten und nochmals heiß gemacht. Mit Salz und Pfeffer wird schließlich gewürzt.

Blindhühnchen Kluckhuhn-Art

1,5 kg Kartoffeln
1 kg Möhren
500 g grüne Bohnen
1 Apfel
250 g Speck
Zucker, Essig
Salz, Pfeffer

Den Speck gibt man in $^1/_2$ bis $^3/_4$ Liter kochendes Wasser. Die Bohnen werden gewaschen und in kleine Stücke geschnippelt. Die Möhren werden geschrappt und gewürfelt, die Kartoffeln und der Apfel geschält und geviertelt. Wenn der Speck eine halbe Stunde gekocht hat, gibt man Gemüse, Obst und Kartoffeln dazu und kocht noch etwa eine Stunde weiter. Wenn alles gar ist, wird mit Salz, Pfeffer, einer Prise Zucker und einem Schuß Essig abgeschmeckt.

Lippisches Winter-Blindhühnchen

1 kg Kartoffeln
1 kg Möhren
500 g weiße Bohnen
2 Äpfel
500 g Schweinebauch
Salz, Pfeffer

Die Bohnen werden 12 bis 24 Stunden eingeweicht und mit dem Einweichwasser zum Kochen gebracht. Wenn sie eine halbe Stunde gekocht haben, gibt man den Schweinebauch, die gewürfelten Möhren und die geschnittenen Kartoffeln hinzu. Nach einer weiteren halben Stunde kommen auch die geschälten und in Viertel geschnittenen Äpfel in den Topf. Die Kochzeit beträgt insgesamt $1^1/_2$ Stunden. Abgeschmeckt wird mit Salz und Pfeffer. Man kann das Winter-Blindhühnchen auch durch Zugaben von lippischer Kohlwurst anreichern.

Schnippelbohnen, Fitzbohnen

5 kg grüne Bohnen
200 g Salz

Die gewaschenen und mit einem Schnippelmesser oder einer Bohnenschneidemaschine kleingeschnippelten Bohnen werden wenige Minuten in kochendes Wasser gegeben und danach sofort abgekühlt. Sie werden mit dem Salz gründlich vermischt und so fest wie möglich in ausgewaschene Steintöpfe gedrückt. Schließlich bedeckt man sie mit einem sauberen Tuch und einem Brett, das mit einem großen Stein beschwert wird. Die Steintöpfe stellt man an einen kühlen Ort. Nach vier bis sechs Wochen ist die Gärung beendet.

Schnippelbohnen-Eintopf

1 kg Kartoffeln
750 g eingemachte Schnippelbohnen
750 g Schweinerücken
1 Zwiebel
1 EL Fett
Salz

Das gewaschene und abgetrocknete Schweinefleisch wird in Würfel geschnitten und im Fett von allen Seiten angebraten. Dazu gibt man die gehackte Zwiebel. Wenn beides gebräunt ist, kommen auch die kleingeschnittenen Kartoffeln und die gut gewaschenen, abgetropften Schnippelbohnen in den Topf. Mit einem 3/4 Liter Wasser wird aufgegossen. Den Eintopf läßt man etwa zwei Stunden auf kleiner Flamme garen, bevor man ihn mit Salz abschmeckt.
Dieser Eintopf schmeckt auch sehr gut, wenn man noch ein bis zwei Äpfel mitkocht und einen Schuß Essig dazugibt.

Dicke Bohnen mit Speck

500 g dicke Bohnen (ausgepuhlt)
oder
2 kg dicke Bohnen (mit Hülsen)
500 g Speck
$^{1}/_{4}$ l Wasser
etwas Fett
1 EL Stärkemehl
1 Bund Bohnenkraut
Salz

Der Speck wird mit etwas Fett angebraten, mit Wasser aufgefüllt und leicht gekocht. Nach 20 Minuten gibt man die gewaschenen Bohnen und das grob gehackte Bohnenkraut dazu und läßt alles noch 40 Minuten garen. Dann wird der Speck kurz herausgenommen und beiseite gelegt. Das Stärkemehl verrührt man mit 1 Eßlöffel Wasser und dickt damit die Bohnen an. Mit Salz wird abgeschmeckt. Den Speck läßt man vor dem Servieren noch einmal in den Bohnen heiß werden.

Braunes Lipper-Essen

300 g weiße Bohnen
1 kg Kartoffeln
500 g Zwetschgen
4 EL Rübenkraut
Salz

Die getrockneten Bohnen werden 12 bis 24 Stunden eingeweicht und mit dem Einweichwasser zum Kochen gebracht. Nach $1^{1}/_{2}$ Stunden gibt man die würfelig geschnittenen Kartoffeln dazu, und zwar möglichst in eine Hälfte des Topfes. Dann kann man sie nämlich, wenn sie gar sind, mit einem Kartoffelstampfer etwas breiig stampfen, ohne die Bohnen gleich mit zu zerquetschen. Die Zwetschgen werden entsteint und separat gar gekocht, bevor man sie zu den Bohnen und Kartoffeln gibt. Zum Schluß fügt man das Rübenkraut hinzu, mischt alles gut durch und schmeckt mit Salz ab.

Weiße Bohnen mit Birnen

300 g weiße Bohnen
1 kg Kartoffeln
250 g Speck
500 g Birnen
Essig
Salz

Die Bohnen werden über Nacht eingeweicht und in dem Einweichwasser zum Kochen gebracht. Nach $1^{1}/_{2}$ Stunden fügt man die in Würfel geschnittenen Kartoffeln und die geviertelten, vom Kerngehäuse befreiten Birnen hinzu und läßt alles noch $^{1}/_{2}$ Stunde garen. Der durchwachsene Speck wird grob gewürfelt, kurz angebraten und in den Eintopf gegeben. Wenn die Kartoffeln gar sind, werden sie etwas gestampft. Den Eintopf rührt man gut durch, fügt einen Schuß Essig hinzu und schmeckt mit Salz ab.

Bohnen schichtweise

750 g grüne Bohnen
1,5 kg Kartoffeln
150 g durchwachsener Speck
2 Zwiebeln
50 g Butter
40 g Mehl
½ l Brühe
Salz, Pfeffer

Die grünen Bohnen werden geputzt, gewaschen, in Stücke gebrochen und etwa ½ Stunde gar gekocht. Die Kartoffeln werden mit der Schale gekocht, am besten am Tag zuvor. Wenn sie völlig abgekühlt sind, werden sie gepellt und in Scheiben geschnitten. Sie kommen nun in Schichten abwechselnd mit den gekochten Bohnen in eine gefettete Auflaufform. Dazwischen würzt man vorsichtig mit Salz und Pfeffer. Den Speck brät man kurz an, gibt die Butter hinzu und läßt darin das Mehl hellbraun schwitzen. Unter ständigem Rühren füllt man langsam mit der Brühe auf. Diese Soße gießt man über die Kartoffeln und Bohnen. Obenauf streut man die in Würfel geschnittenen Zwiebeln. Der Auflauf wird im vorgeheizten Backofen bei ca. 200 °C 20 bis 30 Minuten gebacken. Dazu schmeckt Sülze.

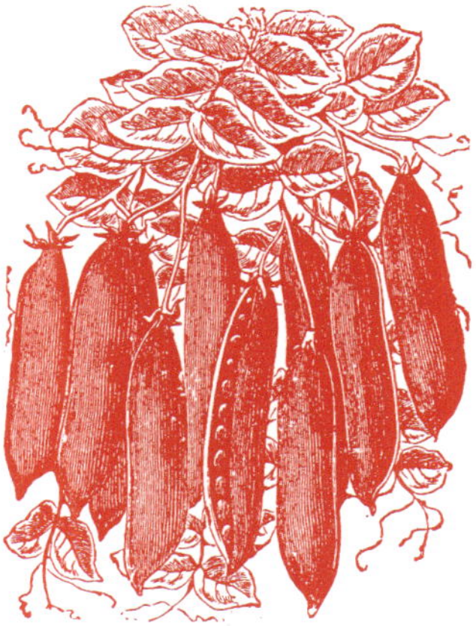

Erbsensuppe mit Pökelfleisch

300 g Erbsen
250 g Kartoffeln
500 g gepökeltes Schweinefleisch
2½ l Wasser oder Brühe
1 Zwiebel
1 Bund Suppengrün
etwas Fett
Salz, Pfeffer

Die Erbsen werden 12 bis 24 Stunden im Wasser eingeweicht und mit dem Einweichwasser zum Kochen gebracht. Sobald es kocht, gibt man das Fleisch dazu. Nach 1 Stunde kommen die in Würfel geschnittenen Kartoffeln und das Suppengrün in den Topf. Zum Schluß wird die gewürfelte Zwiebel in Fett gebräunt und über die Suppe gegeben. Mit Salz und Pfeffer wird abgeschmeckt. Die Garzeit beträgt insgesamt 2 bis 2½ Stunden.

Lippische Linsensuppe

300 g Linsen
250 g Kartoffeln
2 l Brühe
200 g Speck
1 Bund Suppengrün
Essig
Zucker, Salz

Man weicht die Linsen über Nacht in Wasser ein, gießt sie am nächsten Tag ab und setzt sie mit Brühe auf. Nach einer Kochzeit von einer 3/4 Stunde fügt man gewürfelte Kartoffeln, Suppengrün und vorher angebratene Speckwürfel hinzu. Nach 1 1/4 Stunde sind die Linsen gar. Die Suppe wird mit einem kräftigen Schuß Essig, Zucker und Salz abgeschmeckt. Auch lippische Kohlwurst paßt in diese Suppe.
Einige Lipper stellen zu dieser Linsensuppe auch eine Schüssel mit gekochten Zwetschgen auf den Tisch, von denen sich dann jeder einen Eßlöffel in seinen Teller Suppe tut.

Lippische Ananas, Steckrüben

1 kg Steckrüben
1/4 l Brühe
40 g Butter
20 g Mehl
1 EL Zucker
Salz, Pfeffer

Man zerläßt die Butter und läßt darin unter Rühren den Zucker leicht bräunen. Nun gibt man das Mehl hinzu, rührt es glatt und gießt mit Brühe unter ständigem Rühren auf. In dieser Mehlschwitze werden die in Streifen geschnittenen Steckrüben mit Salz und Pfeffer etwa 20 Minuten gedünstet.

Lippische Ananas mit Speck

1 kg Steckrüben
750 g Kartoffeln
300 g durchwachsener Speck
2 Zwiebeln
1/2 l Brühe
Fett
Salz, Pfeffer

Die gehackten Zwiebeln und der grob gewürfelte Speck werden im Fett angebraten. Die in Streifen geschnittenen Steckrüben und die gewürfelten Kartoffeln gibt man hinzu, gießt mit Brühe auf und bringt sie zum Kochen Nach 1/2 Stunde Garzeit kann man mit Salz und Pfeffer abschmecken.

Steckrüben-Eintopf

750 g Steckrüben
750 g Kartoffeln
375 g Möhren
500 g Schweinebauch
$^1/_2$ l Brühe
40 g Butter
Salz, Pfeffer

Der Schweinebauch wird von allen Seiten im Fett angebraten. Wenn er leicht gebräunt ist, gibt man die in Würfel geschnittenen Kartoffeln und das Gemüse dazu und füllt mit Brühe auf. Nach 1 Stunde Kochzeit wird mit Salz und Pfeffer abgeschmeckt.
Statt des Schweinebauches passen auch Rippchen sehr gut zu diesem Eintopf.

Auch in alten Kochbüchern der Detmolder Bürgerinnen tauchen hin und wieder Rezepte für Steckrüben auf, wie z. B. die beiden folgenden:

Auflauf von Steckrüben mit Merrettigtunke

3 Pfd. Steckrüben kocht man weich und gießt sie ab; das Wasser verwendet man vorteilhaft zum Anrühren einer Bohnenmehlsuppe, 1 Pfd. kalte gekochte Kartoffeln giebt man durch die Maschine, giebt 2 würfelig geschnittene und hellgedämpfende Zwiebeln, 2 Theelöffel „Eiersparpulver“, Muskat, Salz und die Steckrüben dazu, tut alles in eine Auflaufform und backt es braun. In der Tunke rührt man 3 Eßlöffel Mehl mit $^1/_4$ Ltr. Brühe an, kocht eine dicke weiße Tunke davon, die man mit geriebenem Merrettig schärft.

Auflauf von Steckrüben

3 Pfd. Steckrüben tags vorher gekocht durch die Maschine getrieben, 1 Pfd. in Scheiben geschnittene Äpfel, $^1/_8$ Pfd. Korinthen, 10 St. bittere Mandeln, von einer Citrone Schale und Saft, 2 Päckchen beliebiges Puddingpulver angerührt, nach Belieben noch Gelee oder Marmelade dazu, zuletzt ein Backpulver hindurch und im Ofen gebacken. – Fruchtsaft dazu.

Weißkohl-Eintopf

750 g Weißkohl
750 g Kartoffeln
250 g durchwachsener Speck
2 Zwiebeln
½ l Brühe
40 g Fett
1–2 TL Kümmel
Salz, Piment

Der gewürfelte Speck wird mit den gehackten Zwiebeln im Fett angebraten. Wenn beides leicht gebräunt ist, fügt man den in Streifen geschnittenen Weißkohl und die gewürfelten Kartoffeln mit Kümmel, Salz und Piment dazu und gießt mit Brühe auf. Die Garzeit beträgt 1 Stunde.
Wenn man die Kartoffeln vor dem Servieren etwas stampfen möchte, damit der Eintopf etwas sämiger wird, gibt man in die eine Hälfte des Topfes den Weißkohl und in die andere die Kartoffeln. Beides wird dann erst nach dem Stampfen miteinander vermischt.

Sauerkraut

5 kg Weißkohl
100 g Salz

Der Weißkohl wird von den äußeren Blättern befreit und recht fein gehobelt. Der Kohl wird nun schichtweise in einen Steintopf gegeben. Jede Schicht wird mit Salz bestreut und so lange fest eingestampft, bis der sich bildende Saft den Kohl bedeckt. Die letzte Schicht wird mit einem sauberen Leinentuch bedeckt. Darauf legt man einen Deckel oder Teller mit der Größe des Topf-Innendurchmessers und beschwert ihn mit einem großen Stein. Der Topf bleibt etwa 10 Tage in einem warmen Raum (20 °C) stehen und wird dann in den kühlen Keller gestellt. Nach vier bis sechs Wochen ist das Sauerkraut fertig. Es muß nach jeder Entnahme wieder sauber und fest abgedeckt werden.
Man kann mit dem Weißkohl auch gleichzeitig Gewürze einstampfen, so z.B. Kümmel oder Wacholderbeeren. Auch 500 g säuerliche Äpfel geben dem Sauerkraut einen angenehmen Geschmack.

Sauerkraut-Eintopf

500 g Sauerkraut
1 kg Kartoffeln
500 g Pökelfleisch
2 Zwiebeln
½ l Wasser
Salz, Pfeffer

Das Pökelfleisch gibt man in kochendes Wasser. Nach ½ Stunde fügt man das aufgelockerte Sauerkraut und die in Achtel geschnittenen Zwiebeln dazu. Die gewürfelten Kartoffeln kocht man am besten einzeln, da sie zusammen mit dem Sauerkraut nur schwer gar werden. Sie werden nach etwa 1 1/2 Stunden unter das Sauerkraut gemischt und mit Salz und Pfeffer abgeschmeckt.

Lippische Palme, Braunkohl

1,5 kg Braunkohl
500 g lippische Kohlwurst
3 Zwiebeln
1/2 l Brühe
40 g Fett
2 EL Haferflocken
Salz

Der Kohl, über den möglichst schon einmal der Frost gegangen sein sollte, wird von den Stielen gestreift und 1/2 Stunde im Wasser gekocht. Dann gießt man ihn ab und hackt ihn mit dem Messer klein. In der Brühe wird er nun mit den angedünsteten Zwiebeln und der Kohlwurst weiter gegart. Die Kohlwurst muß mehrmals mit der Gabel eingestochen werden. Nach 1/2 Stunde nimmt man sie heraus und läßt den Braunkohl noch 1 Stunde kochen. Zum Schluß gibt man die Haferflocken dazu, damit das Ganze sämig wird.
Am besten schmeckt dieses typisch lippische Gericht, wenn man es über Nacht stehen läßt und erst am nächsten Tag aufwärmt. Dazu passen Salz-, Pell- oder Bratkartoffeln.

Braunkohl mit Rippchen

1 kg Braunkohl
750 g Kartoffeln
500 g Rippchen
250 g Speck
3 Zwiebeln
40 g Fett
1/2 l Brühe
Salz

Der von den Stielen abgestreifte Kohl wird 1/2 Stunde gekocht und anschließend fein geschnitten. Das Fleisch wird im Fett angebraten. Wenn es leicht gebräunt ist, gibt man den Speck und die gewürfelten Zwiebeln dazu. Nach 5 Minuten kommen der Kohl und die gewürfelten Kartoffeln in den Topf. Es wird mit Brühe aufgegossen. Die Garzeit beträgt etwa 2 Stunden.

Vahlhauser Stielmus

1 kg Stielmus
¼ l Brühe
40 g Butter
20 g Mehl
¼ l Milch
Salz, Muskat

Vom Stielmus werden nur die Blattstiele verwendet. Also streift man zunächst die Blätter ab (daher auch der in einigen Gegenden übliche Name Streifrüben), wäscht die Stiele gut und schneidet sie in etwa 2 cm lange Stücke, die man in etwas Fett und Brühe gar dünstet. Aus Butter, Mehl und Milch bereitet man eine helle Tunke. Darein gibt man das Stielmus und schmeckt mit Salz und Pfeffer ab.
Zu diesem Gemüse schmecken Salzkartoffeln und Fleisch gut.

Stielmus-Eintopf

750 g vorbereitetes Stielmus
750 g Kartoffeln
250 g Pökelfleisch
½ l Brühe
50 g Fett
Salz

Das abgestreifte, gewaschene und in Stücke geschnittene Stielmus wird kurz in kochendem Wasser blanchiert. Das in Würfel geschnittene Fleisch wird im Fett leicht angebraten und in der Brühe ½ Stunde gekocht. Dann fügt man die gewürfelten Kartoffeln und das blanchierte Stielmus hinzu und läßt alles noch eine knappe Stunde garen. Wer es etwas sämiger mag, kann die Kartoffeln leicht stampfen. Mit Salz wird abgeschmeckt.

Geßelkohl mit Brennesseln

1 kg Geßelkohl
1 kg Brennesseln
250 g durchwachsener Speck
30 g Fett
2 Zwiebeln
¼ l Brühe
1–2 EL Haferflocken
Salz, Wunderpfeffer (Piment)

Geßelkohl und Brennesseln werden gewaschen und 10 Minuten in kochendem Wasser blanchiert. Anschließend gießt man sie ab und schneidet sie klein. Die gewürfelten Zwiebeln und der Speck werden in etwas Fett angebraten, das blanchierte Gemüse hinzugefügt und mit Brühe ausgegossen. Nach 1½ Stunden wird mit Haferflocken angedickt und mit Salz und Wunderpfeffer gewürzt.
Für dieses Gemüse sollte man nur die ganz jungen Giersch- und Brennesseltriebe verwenden. Die gesammelten Pflanzen sollten nicht am Rand einer viel befahrenen Straße oder an einer

Hecke gestanden haben, an der öfter Hunde vorbeikommen.
Geßelkohl mit oder ohne Brennesseln kann man auch als Eintopf kochen. Die Zubereitung erfolgt dann wie beim Stielmus-Eintopf.

Pivitsheider Spargel

750 g Spargel
$1^{1}/_{4}$ l Rindsbouillon
50 g Sago
3 Eigelb
Butter
Maggi
Salz, Zucker

Der Spargel wird geschält. Die gut abgewaschenen Schalen werden in der Rindsbouillon mit etwas Salz, Zucker und Butter $^{1}/_{2}$ Stunde gekocht. Den Sud gießt man ab und kocht darin den Spargel etwa $^{1}/_{2}$ Stunde gar. Von dem Spargelwasser bringt man 1 l zum Kochen. Unter Rühren streut man Sago hinein und läßt es mindestens 15 Minuten weiterkochen. In einer Suppenterrine verquirlt man Eigelb, Butter und etwas Maggi. Unter ständigem Schlagen mit dem Rührbesen gibt man ganz langsam die Brühe dazu, so daß das Eigelb nicht gerinnt. Den Spargel kann man in die Soße geben oder extra reichen. Zu lippischem Spargel gibt es Sennekartoffeln und echt lippischen Knochenschinken.

Lippischer Kochkäse

500 g Hartquark
50 g Butter
Milch
1 MS Natron
1 TL Kümmel
1 TL Salz

Den Hartquark gewinnt man, indem man saure Milch auf 30 bis 40 °C erhitzt und anschließend durch ein Seihetuch gießt. Wenn keine Molke mehr abtropft, wird das Tuch zugeknotet und mit einem Stein oder Wassertopf beschwert. Der so ausgepreßte Quark wird mit dem Tuch draußen zum Trocknen aufgehängt. Der trockene Hartquark wird in eine Steingutschüssel gekrümelt oder gerieben und mit Natron gemischt. Die Schüssel stellt man zugedeckt einige Tage an einen warmen Ort, z.B. in die Nähe des Herdes; ein besonders günstiger Standort soll nach Auskunft alter Lipperinnen auch das Bett sein. Der Quark wird täglich umgerührt.
Wenn der Quark reif ist, also gelb und glasig aussieht, gibt man ihn bei mittlerer Hitze mit etwas Butter in einen Topf und rührt ihn mit Milch glatt. Zum Schluß mengt man Salz und Kümmel unter die Masse und füllt den Käse zum Erkalten in eine kleine Porzellanschüssel.
Wer mag, kann auch noch ein Eigelb unterziehen.

Bratäpfel

8 säuerliche Äpfel
20 g Butter
etwas Zucker
1 Päckchen Vanillinzucker
8 TL Marmelade

Die Äpfel werden gewaschen, das Kerngehäuse von der Blütenseite herausgestochen, und zwar möglichst so, daß man nicht durchsticht. Die Äpfel setzt man mit der noch geschlossenen Seite nach unten in eine gefettete Auflaufform, füllt sie erst mit Marmelade, dann mit Butter, Zucker und Vanillinzucker und backt sie im Ofen bei etwa 220 °C 30 bis 45 Minuten weich.

Arme Ritter

8 Scheiben Weißbrot
1/8 l Milch
2 Eier
Semmelbrösel
50 g Fett
1 EL Zucker
Salz

Die Milch wird mit den Eiern, einer Prise Salz und Zucker verquirlt. Die Weißbrotscheiben werden in eine große Schüssel gelegt, mit der Masse übergossen und kurz darin eingeweicht. Nun nimmt man die Brotscheiben vorsichtig heraus, wendet sie in Semmelbröseln und backt sie in einer Pfanne mit Fett goldbraun. Dazu gibt es Zimtzucker und Himbeersaft.

Rote Grütze

250 g Sauerkirschen
250 g Johannisbeeren
250 g Himbeeren
3/4 l Wasser
100 g Sago
3–4 EL Zucker

Die entsteinten Kirschen, entstielten Johannisbeeren und die Himbeeren werden mit dem Wasser aufgesetzt und zum Kochen gebracht. Nach kurzer Kochzeit rührt man Sago unter und läßt die Grütze noch 15 Minuten kochen. Bevor man sie zum Erkalten in eine Schüssel füllt, süßt man mit Zucker nach Geschmack.
Die Anteile der Früchte können natürlich variiert werden – je nachdem, was der Garten hergibt. Auch Stachelbeeren kann man gut für Rote Grütze verwenden.

Schlachtefest in Lippe

In vielen lippischen Familien kam Fleisch nur selten auf den Tisch. Deshalb waren die Tage, an denen geschlachtet und gewurstet wurde, ganz besondere Höhepunkte im Jahr. In Lippe hieß es, daß dazu nur die Monate, die mit einem „r" enden, geeignet waren, also September bis Februar. Die Haupttermine waren die Wochen um den Martinstag, um Weihnachten und Fastnacht. Das Schlachtefest, in Lippe als Fest der *„schmeergen Dörklinken"* bekannt, wurde nicht nur auf dem Lande begangen. Auch in den lippischen Städten wurden in vielen Häusern Schweine gemästet und geschlachtet, die Fleisch und Wurst für das ganze Jahr liefern sollten. Die „kleinen Leute" schlachteten meist zwei Schweine pro Jahr, die Bauern konnten es sich leisten, vier oder manchmal sogar sechs Borstentiere durchzufüttern und später zu verzehren. Rinder gab es auf den kleinen Kötterstellen nicht. Auf den großen Höfen wurde etwa alle zwei Jahre eins geschlachtet.

Das Füttern der Schweine war in den meisten Fällen Sache der Hausfrau, genau wie später das Einteilen der Würste und des Fleisches für das ganze Jahr. Ihr Ansehen bei der Familie und bei den Nachbarn hing ganz entscheidend davon ab, ob das Schwein ordentlich fett geworden war und ob die Vorräte bis zum Schlachten im nächsten Jahr reichten.

Doch oft war es nicht auf die mangelnde Sorgfalt der Hausfrau zurückzuführen, wenn das Schwein nicht richtig angesetzt hatte. In vielen Familien fehlten ganz einfach die Mittel, sie hatten Mühe genug, sich selbst durchzubringen, da fiel für das Vieh dann nicht mehr viel ab.

Im lippischen Norden soll ein Hausschlachter beim Anblick seines nur 70 Pfund schweren „Opfers" einmal gesagt haben: *„Line, mak mal schwanke dat Hoihnerlock teo, dat de Schnarren dor nich herintlöpt!"* (Line, mach mal schnell das Hühnerloch zu, damit das Schwein da nicht herausläuft!).

Den erbärmlichsten Anblick boten wohl die Schweine in der Senne. In der Chronik über Augustdorf von E. F. Küstermann kann man dazu lesen: „Das kleinste Schwein, das seit langen Jahren geschlachtet ist, gehörte der Witwe Schütt oder Wessel. Es wog 30 Pfund und wurde von Wiebusch, es selbst zwischen den Beinen haltend, vom Leben zum Tode gebracht. Man

sagt dieser Frau die Kunst zu hexen nach. Doch muß es damit nicht ganz weit her gewesen sein, sonst würde jedenfalls ein höheres Gewicht für ihr Schwein herbeigezaubert sein."

Das Schlachten übernahm in Lippe der Hausschlachter, der im Sommer meistens als Ziegler in der Fremde war und sich so sein Einkommen im Winter sicherte. Die Verbindung dieser beiden Berufe war Familientradition.

Am Schlachttage mußten alle Beteiligten früh raus. Wenn es um 5 Uhr morgens losgehen sollte, mußte schon gegen 3 Uhr der Kessel – meist war es der Waschkessel – angeheizt werden, denn man brauchte eine Menge heißes Wasser, um das geschlachtete Schwein damit zu überbrühen. Wehe, wenn beim Eintreffen des Hausschlachters das Wasser nicht kochte. Der hatte in jenen Tagen nämlich ein volles Programm, eine Verspätung konnte seinen ganzen Terminplan durcheinanderbringen. Der Freitag war im Lipperland als Schlachttag verpönt. Auch gewurstet wurde dann nicht gern, weil sich sonst Speck, Schinken und Würste nicht gut halten sollten.

Wenn der Hausschlachter mit all seinen Messern und anderen Gerätschaften eintraf, wurde das Schwein an einem Strick aus dem Stall geholt. Ließ es das Wetter zu, wurde im Freien geschlachtet, sonst in der Deele. Bevor dem Schwein der Garaus gemacht wurde, mußte es auf die Seite gelegt werden, was manchmal gar nicht so einfach war. So mancher zahme Hausgenosse hatte offensichtlich einen siebten Sinn für das, was ihm widerfahren sollte und wurde auf einmal zum „Wildschwein". Doch endete er immer mit einem Messer im Hals.

Das Blut, das dann aus der Halsschlagader floß, wurde mit einer Schüssel aufgefangen und in einem Steintopf aufbewahrt. Damit es nicht geronn, mußten die Kinder oder Frauen es einige Minuten kreuzweise rühren, bis es kalt war. Dabei durfte kein Tropfen daneben spritzen, weil die Blutwurst nach damaligem Glauben sonst nicht geraten würde.

Dat Prunkschwuin

Wer gern en düden Happen ett,
de feoert sick eun Schwuinken fett
un suiht met Leuwde un Intresse
dat Fickelchen up suinen Messe.

Heu soll dat bleoß nich öberdruiben
dat Schwuin seo unwuis teo beschruiben
datt aok de Schlächter glöwt verwunnert,
et woige minstens veuerhunnert.

Fritz Meuers Borch, dat Ungeheuer,
dat fradde nich, un dat fradd Meuer,
un seo seggt Meuer teo Jehanne:
"Ei, iuse Borch, de makt us Schanne.
Wui makt niu metn Feoern Stopp.
Morn krigt heu eunen vör den Kopp."

De Schlächter kümmt; teon Donnehäolen
drinkt olle Kerls en lüttgen Äolen.
De Meuerske met'er Latüchten
geuht in den duistern Stall, teo lüchten.

Dat es jo reuneweg teon Gruinen,
denn Meuers Schwuin es nich teo fuinen.
Un Hannchen lücht' in jeude Ecke.
Teoleste röpt de Justav Mecke,
wat de Schlächterjunge was:
"Heh, lüchtet doch mol huier twas!
Hä' jui waln Brett denn vör de Blessen?
Jint achter inner Ecke sitt et.
Et verkrüpt sick – achtern Bessen!"

Schemmels Fritken

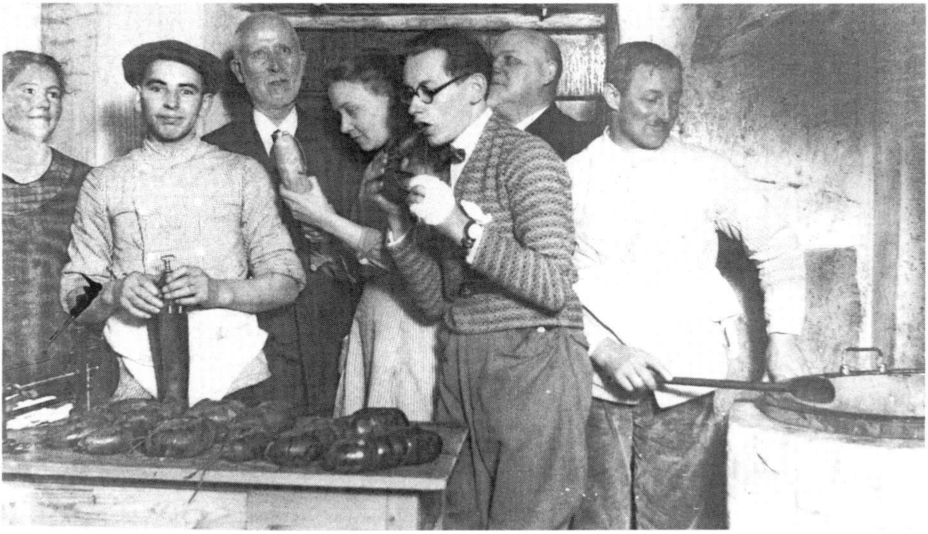

Hausschlachtung im Pastorenhaus in Schlangen um 1926

Nachdem das Tier ausgeblutet war, kam es in die hölzerne Molle und wurde mit kochendem Wasser übergossen, damit sich die Borsten leichter entfernen ließen. Das geschah hauptsächlich mit einem Schrappeisen, nach dem ein zänkisches Weib in Lippe *„'n ault Schrappuisen"* hieß. Wenn das Schwein sauber war, wurde es mit den Hinterbeinen an eine Leiter gebunden und mit dem Kopf nach unten gegen die Wand gestellt. Jetzt konnte es der Schlachter öffnen und mit einem geschickten Griff die Innereien herausnehmen, die bis auf die Galle alle verwertet wurden. Bevor die Därme gereinigt wurden, mußte das Darmfett abgepflückt werden, das später in die Leberwurst kam. Die Leber ließ man trocknen, während Herz, Lunge, Nieren und Milz tüchtig gewässert wurden.

Damit war das Schlachten geschafft und Zeit für ein reichliches Essen. Die Hausfrau war immer besonders stolz, wenn sie noch Wurst von der letzten Schlachtung auftischen konnte. Dazu durfte natürlich der eine oder andere Schluck nicht fehlen. Bevor man mit dem Wursten anfangen konnte, mußte das Schwein erst einmal auskühlen und vom Trichinenbeschauer begutachtet werden. Über Nacht wurde es in einigen Häusern mit einem Seil in die Luke gezogen, um es vor zwei- und vierbeinigen Liebhabern zu bewahren.

Bis zum nächsten Tag gab es noch allerhand zu tun. Da mußten Wurstpinne aus Holzstöckchen geschnitzt und Wurstbänder gedreht werden. Beides war Sache der Kinder. Als das Einmachen aufkam, mußten die Gläser – und später die Dosen – gründlich gereinigt werden. Geschälte

Zwiebeln, Gewürze und alles, was sonst noch gebraucht wurde, mußte bereitstehen. Auch das Wursten war in Lippe – anders als im angrenzenden Preußen – immer Aufgabe des Hausschlachters. Wenn er am nächsten Tag kam, wurde das Schwein zuerst zerteilt. Die Molle war nach dem Schlachten wieder fein säuberlich geschrubbt worden, so daß man dort Speck, Schinken und das Kurzfleisch, also Ohren, Schwanz und Pfötchen, einsalzen konnte. Der Schinken wurde vier Wochen gepökelt, Speck drei Wochen und alles andere zehn Tage. Im Gegensatz zu heute war es früher besonders wichtig, daß das Schwein eine dicke Speckschicht hatte.

Vor allem die Ziegler legten großen Wert darauf, denn neben Erbsen und Bohnen nahmen sie immer Speck mit, wenn sie im Frühjahr auf Kampagne zogen. Der Speck mußte dann den ganzen Sommer reichen.

Das gepökelte Fleisch wurde später geräuchert, entweder über der offenen Herdstelle oder in einer Räucherkammer. Dort wurden in einen großen Topf oder gußeisernen Kessel Buchenholzspäne gefüllt. Ein heißer Bolzen aus dem Bügeleisen sorgte für die nötige Rauchentwicklung. Die Späne mußten relativ dicht eingefüllt werden, damit nicht ein offenes Feuer entstand.

Als erstes wurden Mett- und Kohlwürste *(Mättwost un Kaulwost)* gemacht. Für sie wurde nur das allerbeste Fleisch ausgesucht, z. B. Schinken oder Kotelettstränge

Wie man innerhalb 48 Stunden geräuchert Fleiſch machen könne.

Man zerläſſet ſo viel Salpeter im Waſſer als man ſonſt zur Einſalzung eines Stückes Rindfleiſch Salz gebrauchet. In dieſem Waſſer kochet man das friſche Rindfleiſch langſam, und wendet es öfters um. Dieſes Kochen muß einige Stunden fortgeſetzet werden, bis das mehreſte Waſſer ausgedunſtet iſt.

Es gehet ſolches deſto beſſer an, wenn das Stück Rindfleiſch nicht gar zu groß und dick iſt. Alsdann hänget man das alſo geſalzene Fleiſch in den Rauch, ſo erhält es nach weniger als acht und vierzig Stunden ſchon eine ihm dienliche Härte, ſiehet inwendig vortrefflich roth aus, und ſchmecket ſo gut, daß man es für das beſte Hamburger geräucherte Rindfleiſch halten ſollte. Dieſe Art geräuchert Rindfleiſch zu machen, empfiehlet ſich auch ſchon dadurch, weil dieſelbe in warmen Sommertagen kann angewendet werden, wo es ſich ſonſt nicht füglich räuchern läſſet, und man des allezeit friſchen Fleiſches überdrüſſig wird. Fränkiſche Sammlungen, B. 1. S. 443. u. d. f.

Lippische Intelligenzblätter, 1774

– Koteletts, wie wir sie heute kennen, gab es damals nicht. Die Kohlwürste wurden noch mit Zwiebeln gewürzt.
Früher mußte man die Zutaten für Mettwurst, Kohlwurst und Leberwurst auf dem Hackbrett mit einem gekreuzten Stoßeisen oder dem Hackmesser kleinhacken, was eine außerordentlich anstrengende Arbeit war. Eine große Erleichterung brachte da die Wurstemaschine, auch als Fleischwolf bekannt. Sie kam etwa um 1900 auf und wurde anfangs von Hand gedreht, was immer noch recht viel Kraft erforderte. Etwa seit 1940 übernahmen nach und nach Elektromotoren das Drehen.

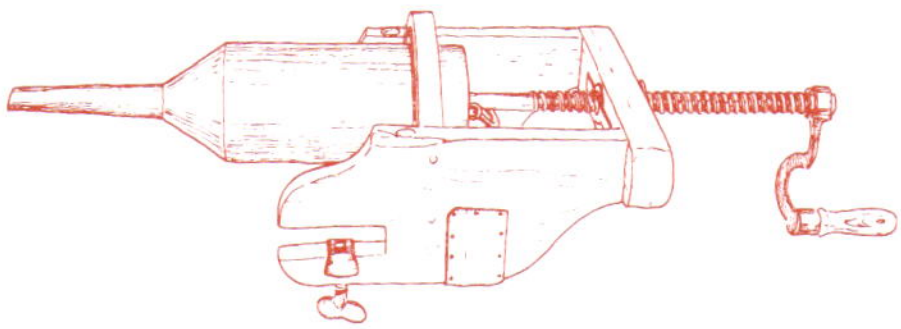

Wurstmaschine zum Wurststopfen

Bevor die Wurstmasse in die Därme gestopft wurde, schmeckte der Hausschlachter sie sorgfältig ab. Das Stopfen geschah früher mit Hilfe eines Wurstbügels von Hand, später konnte man die Wurstemaschine mit einem speziellen Vorsatz in eine Stopfmaschine umfunktionieren. Kohl und Mettwurst wurden in Flomenhäute bzw. in die Blase gestopft, die die Hausfrau am Abend vorher zusammengenäht hatte. Das Zubinden der Würste erforderte genauso viel Geschicklichkeit wie das Stopfen. Jeder Fehler hatte zur Folge, daß die Wurst verdarb, was vor allem bei Kohl- und Mettwürsten, die lange halten sollten, sehr schmerzlich war. Gute Mettwurst war der Stolz des Hauses. Sie wurde in Lippe auch *Prunker* genannt.
Die Dauerwurst mußte nun erst einmal zum Trocknen und Reifen aufgehängt werden, ehe sie geräuchert wurde. Das durfte jedoch nicht zu schnell gehen, weil darunter die Haltbarkeit gelitten hätte. Auch die Temperatur mußte stimmen. Die Räume in den alten lippischen Fachwerkhäusern mit ihren Lehmwänden waren dafür wohl besser geeignet als die in moderneren Bauten.
War die Dauerwurst fertig, ging es an die Kochwurst, also Leberwurst *(Lewwerwost),* Blutwurst *(Bleotwust)* und Sülze *(Sülte).* Alles Fleisch, was man dafür benötigte, kam in den großen Kessel und wurde gekocht. Die Leber für lippische Leberwurst wurde nicht roh verwendet, sondern in einem extra Topf überbrüht. Mit in den Kochkessel kam auch gleich ein großes Stück *Schmull,* ein Stück Speck, das in anderen Gegenden auch Wellschfleisch genannt wird. Ein Teil davon kam in die Würste, ein anderer Teil wurde für die nächste Mahlzeit zurückgelegt. Man aß den Schmull mit Salz und Pfeffer zu Brot. Dazu gab es oft gekochte Nieren. Dieses fette Essen schmeckte mit einem Klaren noch mal so gut.
Doch konnte nicht eher gegessen werden, bis die Würste fertig waren. Die Leberwurst wurde aus überbrühter Leber, gekochtem Kleinfleisch, Schmull und Abpflückfett mit Zwiebeln hergestellt. Sie wurde in den Dünndarm gefüllt.
Die Blutwurst dagegen stopfte man in den Dickdarm oder in den *Ennebutk,* das Verbindungsstück vom Dünndarm zum Dickdarm. Sollte es eine besonders gute Wurst werden, reicherte man sie mit Zunge an. In einigen lippischen Familien soll diese

Der Hausschlachter

Mit weißer Schürze, rotem Kittel,
Langen Stiefeln, Schlachtemitteln
Geht der Schlachter täglich aus
Zum Geschäft von Haus zu Haus,
Vier, fünf Messer in der Scheide
Klirren hell an seiner Seite.

Ist er in ein Haus gegangen,
Wird sogleich ein Schwein gefangen,
Hingeführt zur Schlachtedeel,
„Zugefaßt!" klingt der Befehl,
Und der Schlachter, ganz im Guten,
Läßt es unter sich verbluten.

Ist das Schweinchen nun geschlachtet,
Ausgenommen und betrachtet
Mit Genuß, dann wirds zerstückt,
Teilweis' in die Wurst gedrückt,
Und die Würste sind vor allen,
Die am besten uns gefallen.

Schlachten, Wursten, die Geschäfte
Fordern nicht nur Mut und Kräfte,
Auch Geruch und viel Geschmack,
Daß hernach ein Schabernack
Nicht im Kreis von vielen Gästen
Sagt: „die Wurst ist nicht vom besten"

Unsern Schlachtern, unsern Würsten
Zollen Ziegler, Bauern, Fürsten
Lob: im ganzen deutschen Land
Ist die Lipperwurst bekannt.
Denn so guten Leckerbissen
Will zum Frühstück niemand missen.

Darum still, wenn etwas dreister
Unsre wackern Schlachtermeister
Sich benehmen, manchmal kühn.
Laßt sie ihre Wege ziehn.
Bei den Mädchen, bei den Frauen,
Sind sie immer im Vertrauen.

Friedrich Wienke

Wurst dann auch besonders groß geraten sein. Diese gute Blutwurst wurde bei Besuch mit anderen Würsten auf den Tisch gelegt, durfte aber nicht angeschnitten werden, was ihr zu dem Namen *Prohlwost* (Prahlwurst) verhalf. Leider konnte man sich offensichtlich nicht darauf verlassen, daß sich jeder Gast an diese Spielregel hielt. Folgende Geschichte erzählte man sich in Lippe – als Warnung an alle Gastgeber: Während der Mahlzeit mußte eine Hausfrau, die gerade Besuch zu Mittag hatte, für einige Zeit das Zimmer verlassen, tat dies jedoch nicht, ohne vorher ihren zwölfjährigen Sohn mit der besonderen Obhut des Schaustücks betraut zu haben. Der konnte seine Aufgabe allerdings nicht zur Zufriedenheit der Mutter erfüllen, denn plötzlich – ob aus Unwissenheit oder Boshaftigkeit bleibt ungeklärt – zog der Gast den Teller zu sich heran und schnitt sich ein gehöriges Stück von der herrlichen Wurst ab. Dies sehen und zur Tür stürzen war ein Augenblick des so überrumpelten Wurstwächters, und gleich darauf schallte es durch das ganze Haus: *„Diu, Modder, kumm mol her, de Kerl schnitt iuse Prohlwost an"*, mit welcher energischen Tat natürlich der Nimbus von dem Rest der dicksten Wurst des Hauses genommen war. Ebenfalls aus gekochtem Fleisch wurde die Sülze hergestellt, die in zwei verschiedenen Qualitäten bereitet wurde. Zum einen gab es die „richtige" Sülze *(Sülte),* die aus gutem, mageren Fleisch und Pfötchen oder Schwarten gekocht wurde, das andere war die *Olldagssülte,* auch *Pottsülte* oder *Schwor'nsülte* genannt (Topf- oder Schwartensülze), die alltags auf den Tisch kam und aus Schwarten und eventuell Magen- oder Herzstücken bestand. Sülze wur-

de in die vorher aufgepustete Schweineblase oder in den Magen gehüllt.
Hatte man genügend Wurst und Sülze im Darm verpackt, wurde sie im großen Waschkessel gekocht. Dabei durfte das Wasser jedoch nur ganz leicht wallen, denn sonst platzten die Würste. Es war gar nicht so einfach, die Temperatur ohne Thermostaten während der ganzen Zeit konstant zu halten.
Wenn der Hausschlachter fertig war, erhielt er in einigen lippischen Orten neben der Geldentschädigung noch ein oder zwei Würste, meist Leber- oder Kohlwurst. Die Kinder wurden mit einer kleinen, dicken Leberwurst, der Pummelwurst, belohnt. Auch die Nachbarn, die beim Schlachten und Wursten geholfen hatten, wurden mit Würsten, meistens aber mit Wurstebrei bedacht.
Nachbarschaftshilfe wurde damals im Lipperland überhaupt groß geschrieben. Stand z. B. bei einer Familie Notschlachtung an, so wurde dies in der Schule bekannt gegeben. Freunde und Bekannte aus dem Dorf oder Nachbardorf kauften dann kleinere Portionen des Fleisches, das sich vor allem im Sommer nicht lange hielt. So konnte verhindert werden, daß Fleisch an die Schlachter verkauft werden mußte, die in solchen Fällen gerne die Preise drückten.
Nach dem eigentlichen Wursten gab es immer noch eine Menge zu tun. Die Flomen wurden gewürfelt und ausgelassen. Das so gewonnene Fett wurde in Steintöpfen aufbewahrt. Die übriggebliebenen *Schremen,* in anderen Gegenden als Grieben bezeichnet, waren mit Zwiebeln und Äpfeln gedünstet ein heiß begehrter Brotaufstrich. Der schon erwähnte Wurstebrei *(Wostebrich, Kreusel, Knappsel)* war eine ideale Resteverwertung, nach der man sich die Finger leckte. Die Grundlage dazu bildete die Brühe, in der vorher die Würste gekocht worden waren. Außerdem fanden sich hier Fleischreste, Milz und Lunge oder Magen wieder – alles durch die Maschine gedreht. Da Gerstengrütze ein wesentlicher Bestandteil des Wurstebreies war, wurde er in einigen Gegenden Lippes auch *Stippgrütte* genannt. Dazu gab es Brot oder Kartoffeln. Dieses Gericht hatte den Vorteil, daß man es in Zeiten von Nahrungsmittelknappheit durch einen höheren Grützeanteil strecken konnte. Wer mit den Zutaten nicht sparen mußte, konnte neben den Innereien auch Fleisch verwenden.
Ähnlicher Beliebtheit erfreute sich das Braunatt, eine Blutsuppe, deren Zubereitung nur Lipper kennen. Meistens verwendete man einen Rest der Blutwurstmasse, goß mit Brühe auf und schmeckte das Ganze süß-sauer mit Birnenschnitzeln oder Zwetschgen und Essig ab. Als Fleisch gab es Ohren oder Pfötchen, entweder kleinge-

Mittel das Fleisch im Sommer vor der Fäulnis zu bewahren

Man nehme auf ein Stück Rind- oder Schweinefleisch zwei Handvoll Coriander, zermische solchen mit Salz und reibe das Fleisch damit ein, setze es an einen kühlen Ort und decke es fest zu: so wird man es in den heißesten Sommertagen acht und mehr Wochen ganz frisch und schmackhaft erhalten können.

Lippische Intelligenzblätter, 1770

schnitten oder als Ganzes, doch war es auch schon damals nicht jedermanns Sache, an einem Schweineohr zu knabbern. Nach dem altlippischen Motto: *„Olle Broens eet eck gerne, iutgenommen Rippenbroen, den mag eck ganz verduibelt gerne“*, wurde natürlich auch Rippenbraten in Sturzgläsern eingekocht. Diese Delikatesse wurde dann zu Neujahr oder an anderen Festtagen aufgetischt.

Von den guten Schlachtprodukten versuchten auch jene etwas zu ergattern, die nicht selber schlachteten. Das ging ganz legal zu, und zwar in der Fastnachtszeit. Dann zogen in den Städten und Dörfern die jungen Männer und Kinder mit einem Wurstbock oder *Spett* durch die Stadt, um eine kleine Spende Schinken, Speck, Wurst und Brot zu erbitten. Dazu wurde folgender Spruch aufgesagt:

Fassel-, Hassel-, Fasselomd,
Giff mui wat up muinen Spett,
Gint Johr weerd de Schwuine fett,
Unner groinen Eckernbäumen,
Dat sall jui de leuwe Gott beläonen.
Stuiget up'm Wuim
Schnuit 'nen breien Struim,
Segget et hedde dä Katten doon.
Kadden wörd builogen
Nower wird bedrogen.

Speck, Schinken und Wurst vom Schwein war für viele lippische Familien das einzige Fleisch, was sie sich leisten konnten. Gerichte aus Rindfleisch waren relativ selten und wurden nur an besonderen Festtagen genossen. Als Hochzeitsessen und zur Haushebung waren beispielsweise Rampen und Rinderwurst auf den Höfen sehr

beliebt. Rampen waren die kleingeschnittenen Innereien des Rindes, hauptsächlich Pansen, aber auch Herz, Lunge und Lappen, die in Brühe gekocht und mit Rosinen und Essig süß-sauer abgeschmeckt wurden. Rinderwurst wurde ähnlich wie Wurstebrei hergestellt, nur wurde das Schweinefleisch durch Rindfleisch ersetzt.

Zu den damaligen Festen kamen so viele Leute, auch aus den umliegenden Nachbardörfern, daß der Gastgeber unmöglich für alle Besteck zur Verfügung stellen konnte. Jeder Gast wurde deshalb bei der Einladung aufgefordert, sich Gabel, Messer und Löffel selber mitzubringen. Damals wie heute hatte Rinderwurst auch während der Kirmestage Hochsaison. Jeder Lipper weiß auch genau zu sagen, wo es die beste Rinderwurst im ganzen Lande gibt. Einig sind sie sich da aber keineswegs. Der eine schwört auf Rinderwurst von der Horner Kirmes, der andere ist fest

davon überzeugt, daß man sie nur in Hörste so gut bekomme wie sonst nirgends. So herrlich frische Rinderwurst auch schmeckt, wie so viele lippische Gerichte kann man sie nicht gerade als Schonkost für den Magen bezeichnen. Clara Arabin-Welchert aus Lage erinnert sich in ihrem Buch „Ich schrieb es auf" an die möglichen Folgen: „Wehe aber, wer nicht auf die fetten Genüsse einen ordentlichen Schnaps trank, ehe er das kalte Bier verkonsumierte, er wußte am anderen Tage nicht, ob erleben oder sterben sollte."

Selbstverständlich wurde in Lippe auch Federvieh geschlachtet. Sowohl auf dem Lande als auch in den Hinterhöfen der Städte wurden vor allem Hühner und Gänse gehalten. Sie wurden von den „kleinen Leuten" jedoch selten selber verspeist, sondern dienten in erster Linie dazu, etwas Haushaltsgeld – vor allem für Weihnachtsgeschenke – zu beschaffen. Die Hühner hielt man wegen der Eier, die man auf dem Wochenmarkt verkaufte oder beim Lebensmittelhändler gegen Zucker, Gewürze oder Reis eintauschte. Die Gänse waren vor allem als Weihnachtsbraten sehr beliebt. Auch auf den Speisezetteln für die Tafeln des lippischen Fürstenhauses tauchen Gänse – vor allem Spickgänse – immer wieder auf. Ähnlich wie die Schweine, standen die Gänse mit hohem Fettanteil damals hoch im Kurs, denn Gänseschmalz mit Zwiebeln und Äpfeln galt als Delikatesse. Um auch die Innereien noch sinnvoll zu verwenden, wurde aus ihnen eine leckere Gänsesuppe gekocht.

Auch heute wird in Lippe noch selber geschlachtet, doch wird das *„Fest der schmeergen Dörklinken"* immer seltener. Spätestens seit den 60er Jahren verzichtet man selbst auf den Bauernhöfen auf die arbeitsaufwendige Herstellung von Würsten, Schinken und Speck. Es gibt zwar noch ungefähr 50 lippische Hausschlachter, doch wird der Beruf in den nächsten Jahrzehnten voraussichtlich aussterben, denn der Nachwuchs fehlt. Im ganzen Lipperland gibt es nur noch einen Lehrling, der das Hausschlachterhandwerk erlernt.

Hausschlachter Krüger aus Hillentrup, 1932

Fleisch satt

So sah es gestern bei unserm Nachbarn aus, wo ich helfen mußte. „Fleisch satt." Das Schwein hat sich gut gehabt. Von Anfang an hatte es so'n wunderschönen Anstand, und weil Kartoffeln genug gewachsen waren, so brauchte der Schlachter nicht vor Neujahr zu kommen. Gestern hieß es aber munter sein! Der Mann mit der Hose in den Stiebeln hat's immer eilig und wartet nicht gerne. Um fünf Uhr hat er schon angefangen und will auf Mittag fertig sein. Um sieben Uhr ging das Bollern und Stoßen los, daß die Arme zuletzt nicht mehr wollten, aber mit der Zeit kommt so ein nahrhaftiger Geruch ins Haus, der stärkt den Menschen von außen. Die schönen Schinken und das Speck und das kleine Werks liegen schon in der Pickel und der Wurstkessel ist flott im Gange. Fünfunddreißig Leberwürste rund und propper liegen um elf Uhr auf dem Stroh zum Abkühlen, alle das andere Wurstwerk, die Kohlwürste und Blutwürste und Mettwürste und die Sülze und der Wurstebrei nicht zu vergessen. Siebterlei Geschmack an einem Tiere! Es geht'r nich vor, wer selbst auf die Rauchkammer gehen kann. Das kennen die Fabriker nicht und meinen wunders was sie haben, wenn sie sich sonntags ein Böffsteck vom Pferd kaufen.

Aus: Johannes Schmidt: Des Zieglers Lust und Last, oder: Simon sein Bilderbuch, mit kurzer Beschreibung zu jedem Bilde von ihm selber, Lippischer Dorf-Kalender 1897

Prunker-Mettwurst

5 kg mageres Schweinefleisch
1 kg fester Speck
150 g Salz
20 g Pfeffer
10 g Salpeter

Das Schweinefleisch und der Speck werden in Stücke geschnitten und grob durch den Fleischwolf gedreht. Salz, Pfeffer und Salpeter streut man über das Mett, mischt alles gut unter und schmeckt ab. Die Mettwurstmasse wird nun noch zweimal durch die feine Scheibe gedreht. Bevor man sie in Därme oder Flomenhäute füllt, muß sie sehr gut durchgeknetet werden, damit die Masse bindig wird. Die Würste müssen recht fest gestopft und knapp abgebunden werden, damit keine Hohlräume entstehen.

Nun wird die Wurst zum Reifen in einen dunklen Raum gehängt, der eine Temperatur von 5 bis 15 °C und eine Luftfeuchte von etwa 80 Prozent hat. Die Würste dürfen sich während des Reifens nicht berühren. Sie sollten hin und wieder mit einem feuchten Tuch abgerieben werden, damit sie nicht zu schnell trocknen und damit der außen anhaftende Schimmel entfernt wird. Nach 6 Wochen kann man die Würste kalt räuchern. Für die Haltbarkeit ist das jedoch nicht nötig, das ist vielmehr eine Geschmackssache. Schnittfest ist die Prunker-Mettwurst erst nach etwa 3 Monaten.

Lippische Kohlwurst

5 kg durchwachsenes Schweinefleisch
1 große Zwiebel
100 g Salz
15 g Pfeffer

Das Schweinefleisch (Nacken, Schulter oder Bauchfleisch) und die Zwiebel werden durch die grobe Scheibe des Fleischwolfes gedreht, mit Salz und Pfeffer gewürzt und abgeschmeckt. Die Wurstmasse wird noch zweimal durch eine feinere Scheibe gedreht, etwas durchgeknetet und fest in Därme gestopft.

Möchte man die Kohlwurst zum Kochen – z.B. mit Braunkohl – verwenden, füllt man sie in den Dünndarm. Sie kann dann schon nach 14 Tagen verzehrt werden. Für die Verwendung als streichfähiger Brotbelag kommt Kohlwurst in die Blase. Sie braucht dann etwa 2 Monate zum Reifen in einem dunklen, etwas luftfeuchten Raum.

Lippische Leberwurst

1 kg Leber
3,5 kg fettes Bauchfleisch
(ohne Schwarten)
500 g Abpflückfett oder Speck
500 g Zwiebeln
etwas Brühe
120 g Salz
20 g Piment
10 g Pfeffer

Das von den Drüsen befreite Abpflückfett muß so lange gewässert werden, bis das Wasser klar bleibt. Dann läßt man es aus, dünstet darin die sehr fein gehackten Zwiebeln hellgelb, und läßt es wieder steif werden. Die Leber wird mit kochendem Wasser überbrüht, in dem man sie noch etwa 10 Minuten ziehen läßt. Das Bauchfleisch wird etwa 1 Stunde lang gar gekocht. Nun werden alle Zutaten fein durch den Fleischwolf gedreht und mit Salz, Piment und Pfeffer abgeschmeckt. Sollte die Wurstmasse noch zu trocken sein – sie muß eine dickbreiige Konsistenz haben –, gibt man noch etwas Brühe zu. Wenn alles gut durchgemischt ist, gibt man die Masse nicht zu fest in den Dünndarm. Die Würste läßt man 30 bis 40 Minuten bei etwa 80 °C sieden. Wenn sie gar sind, gibt man sie kurz in kaltes Wasser. Damit das Fett gleichmäßig verteilt bleibt, muß man die Leberwürste hin und wieder drehen, bis sie kalt sind.

Man kann Leberwurst auch in Gläser füllen und bei 98 °C 1 Stunde einkochen. Die Gläser dürfen nur zu drei Viertel gefüllt sein. Statt des fetten Bauchfleisches kann man auch restliches mageres Fleisch, z. B. von den Knochen, und Speck verwenden.

Blutwurst

1 kg Speck
500 g Backenfleisch
200 g Schwarten
1½ l Blut
100 g Roggenmehl
60 g Salz
Piment, Nelken

Speck, Schwarten und Backenfleisch werden gargekocht. Fleisch und Speck schneidet man in Würfel, die Schwarte wird einmal übergedreht. Alles wird mit dem durchgesiebten Blut gut vermischt, mit Mehl angedickt und mit Salz und Gewürzen je nach Geschmack gewürzt. Die dünnflüssige Wurstmasse wird so in den Dickdarm gefüllt und abgebunden, daß sie sich während des Kochens noch um etwa ein Drittel ausdehnen kann. Diese Blutwurst muß 1 bis 1½ Stunden bei 80 °C sieden. Die Einkochzeit in Gläsern beträgt 2 Stunden bei 98 °C. Manchmal wird lippische Blutwurst auch mit einem Hauch Zimt gewürzt.

Prahlwurst

1 kg Schweinezunge
500 g Schweineherz
500 g Schwarten
500 g mageres Schweinefleisch
500 g Speck
2 l Schweineblut
125 g Roggenmehl
120 g Salz
Piment, Nelken

Zunge, Herz, Schwarten, Speck und Fleisch werden gekocht. Die gekochten Schwarten werden fein durchgedreht, alles andere schneidet man in Würfel. Die Wurstmasse wird wie im vorigen Rezept hergestellt und in einen weiten Darm *(Ennebutk)* gefüllt. Bei 80 °C braucht diese dicke Wurst etwa 2 Stunden, bis sie gar ist. Man kann die Zunge auch als Ganzes in den Darm geben.

Topfsülze

750 g Schwarten
250 g Schweinemagen
500 g Zwiebeln
1½ l Wasser
Essig
Salz, Pfeffer

Schwarten und Magen werden in kaltem Wasser aufgesetzt, 1½ bis 2 Stunden gekocht und mit Salz, Pfeffer und Essig gewürzt. Die Schwarten werden durch die feine Scheibe des Fleischwolfes gedreht, der Magen in Würfel geschnitten und beides in die durchgesiebte Brühe gegeben. Nun mischt man alles mit den gehackten, gedünsteten Zwiebeln gut durch, füllt die Masse in mit kaltem Wasser ausgespülte Formen und läßt sie erkalten.

„Richtige“ Sülze

1,5 kg mageres Schweinefleisch
500 g Schwarten
250 g Zwiebeln
Brühe
50 g Salz
Pökelsalz
Pfeffer

Das Schweinefleisch und die Schwarte werden knapp mit Wasser bedeckt und weichgekocht. Das gewürfelte Fleisch wird mit durchgedrehten Schwarten und Zwiebeln gemischt und mit Salz, Pökelsalz und Pfeffer abgeschmeckt. Bei Bedarf kann man etwas durchgesiebte Brühe hinzufügen. Die Masse füllt man in den Magen oder in die Blase und läßt sie 2 Stunden bei 80 °C sieden. In Gläsern wird Sülze 2 Stunden bei 98 °C eingemacht.

Vahlhauser Sülze

2 Schweinepfötchen
1 kg mageres Schweinefleisch
2 l Wasser
Salz, Pfeffer

Pfötchen und Fleisch werden in Wasser mit Salz, Pfefferkörnern und Zwiebeln gar gekocht. Das Fleisch wird in Würfel geschnitten. Die Brühe wird gesiebt und mit Salz und Pfeffer abgeschmeckt. Wer mag, kann auch einen Schuß Essig dazugeben. Das Fleisch verteilt man auf mit kaltem Wasser ausgespülte Gläser und gießt mit der Brühe auf. Damit das Fleisch gleichmäßig verteilt ist, muß man bis zum Erkalten hin und wieder umrühren.

Eichenkrüger Sülze

4 Dosen gekochtes Mett
500 g Kalbsknochen
1 l Wasser
2 Gewürzgurken
1 Eiweiß
12 Blatt Gelatine
2 EL Essig
Zitronensaft
1 TL Salz
Senfkörner
Pfefferkörner
Maggi

Das weiße Fett über dem gekochten Mett wird entfernt, das Mett in feine Würfel geschnitten. Die abgespülten zerkleinerten Kalbsknochen werden mit dem gesalzenen Wasser aufgesetzt und fast bis zum Kochen gebracht. Man läßt sie 3 Stunden sieden. In die trübe Brühe gibt man ein geschlagenes Eiweiß, was mit dem Schaumlöffel wieder abgenommen wird. $^{3}/_{4}$ l Brühe würzt man nach Geschmack mit Salz, Pfeffer, Senfkörnern, Maggi, Zitronensaft und Essig. Die Gelatine weicht man in kaltem Wasser ein, löst sie in der geklärten, noch warmen Brühe auf und bringt sie noch einmal zum Kochen. Dann gibt man das gewürfelte Mett und die fein geschnittenen Gewürzgurken dazu und füllt mit einer Suppenkelle in zuvor mit kaltem Wasser ausgespülte Gläser. Während des Erkaltens muß man immer wieder umrühren, damit sich das Fleisch gleichmäßig verteilt.

Wurstebrei in kleinen Mengen

1 Schweineherz
125 g Bauchfleisch
100 g Gerstengrütze
2 Zwiebeln
1 l Wasser
1 TL Salz
Pfeffer
Wunderpfeffer (Piment)

Herz und Bauchfleisch werden in gesalzenem Wasser etwa 1½ Stunden gekocht. Das abgekühlte Fleisch wird durch den Fleischwolf gedreht. 1 l Fleischbrühe bringt man zum Kochen, streut die Grütze hinein und läßt sie körnig kochen.
Dann gibt man das Fleisch und die gehackten Zwiebeln dazu, kocht alles miteinander durch und schmeckt mit Salz, Pfeffer und Wunderpfeffer ab.

Lippischer Schlachtefest-Wurstebrei

750 g Gerstengrütze
1 Schweineherz
1 Schweinemagen
1 Schweinemilz
1 Schweinelunge
Schwarten
500 g Zwiebeln
Wasser
Wurstebrühe
Salz
weißer Pfeffer
Wunderpfeffer (Piment)

Die Innereien und Schwarten werden im Wurstekessel gargekocht. Es ist ratsam, die Lunge gesondert zu kochen, da sie die Brühe verdunkelt. Die Gerstengrütze wird mit kaltem Wasser und Salz zum Kochen gebracht. Zu der quellenden Grütze wird unter Rühren laufend Brühe zugegeben, die beim Garen der Innereien und des Fleisches für die Kochwurst anfällt. Zu der garen, aber noch körnigen Grütze werden die übergedrehten Innereien, Schwarten und Zwiebeln gegeben und alles zusammen durchgekocht. Mit Salz, Pfeffer und Wunderpfeffer schmeckt man ab.
Manchmal werden auch Reste der Leberwurstmasse im Wurstebrei verwendet.
Zu dem heiß servierten Wurstebrei gibt es Brot oder Pellkartoffeln, bei einigen Familien auch Apfelmus, Gurken oder Rote Bete.

Braunatt

2 Schweinepfötchen
2 Schweineohren
1 Schweineschwanz
2 Zwiebeln
2–3 l Wasser
¼–½ l Blutwurstmasse oder Blut
2–3 EL Mehl
250 g Backpflaumen
2 TL Salz
Essig, Zucker
Pfefferkörner
Lorbeerblatt
Wunderpfeffer

Die Fleischteile werden knapp mit Wasser bedeckt und mit Zwiebeln, Salz, Pfeffer, Wunderpfeffer und Lorbeerblatt aufgesetzt und gegart. Wenn sie gar sind, werden sie herausgenommen. Das

Mehl wird mit dem Blut verrührt und vorsichtig in die warme Brühe gegeben. Wenn man Blutwurstmasse verwendet, kann man unter Umständen auf zusätzliches Mehl verzichten. Die extra gekochten, vorher eingeweichten Backpflaumen fügt man hinzu und schmeckt mit Essig und Zucker süß-sauer ab. Die Fleischteile läßt man vor dem Anrichten noch einmal heiß werden. Wer sie nicht in die Hand nehmen und abknabbern mag, kann das Fleisch auch von Knochen und Knorpel lösen und geschnitten in das Braunatt geben. Dazu gibt es Salzkartoffeln.
Statt der Backpflaumen kann man auch Birnenschnitzel verwenden. Viele Lipper nehmen auch gemischtes Trockenobst und Rosinen. Dann kann man auf Zucker und Essig verzichten.

Lippischer Potthast

1 kg Schweine- oder Rindergulasch
1 kg Zwiebeln
100 g Fett
250 g eßfertige Trockenpflaumen
Vollkornbrot
Salz, Pfeffer
Essig

Das nicht zu groß gewürfelte Fleisch wird von allen Seiten braun angebraten und mit Salz und Pfeffer gewürzt. Man nimmt es aus dem Topf und brät darin die Zwiebeln hellbraun, gibt das Fleisch wieder dazu, gießt mit Brühe auf, so daß es knapp bedeckt ist und bringt es zum Köcheln. Verwendet man Schweinefleisch, gibt man die Trockenpflaumen und etwas zerbröseltes Vollkornbrot sofort dazu, bei Rindfleisch erst nach ½ Stunde. Schweinefleisch braucht 1 Stunde, Rindfleisch 1½ Stunden bis es gar ist. Hin und wieder muß man umrühren, damit es nicht anbrennt. Das Gericht wird ohne Zugabe von Mehl sämig. Abgeschmeckt wird mit Salz und Pfeffer und einem kräftigen Schuß Essig. Dazu passen Brot oder Salzkartoffeln.

Hausschlachter-Rinderwurst

Gerstengrütze
Vom Rind: Herz, Pansen, Lunge, Kopf, Lappen
Brühe
Butter
Salz, Piment

Rinderwurst wird genauso zubereitet wie Wurstebrei. Als Zutaten werden die Schlachtereste verwendet.
Dieses Rezept reicht für die ganze Schlachtefestgesellschaft.

Eichenkrüger Luxus-Rinderwurst

1 kg schieres Rindfleisch
1½ l Rinderbrühe
100 g Gerstengrütze
125 g Butter
1 Bund Suppengrün
2 Zwiebeln
2 Lorbeerblätter
2 Nelken
½ TL Pfefferkörner
Thymian

In die kochende Rinderbrühe gibt man die beiden Zwiebeln, auf die man mit einer Nelke je ein Lorbeerblatt gesteckt hat, das Suppengrün und die Pfefferkörner. Wenn die Brühe erneut anfängt zu sieden, gibt man das zuvor gewaschene, abgetrocknete Rindfleisch dazu und läßt es bei schwacher Hitze mindestens 2½ Stunden sieden. Nach 1 Stunde nimmt man die Zwiebeln und das Suppengrün heraus. Wenn das Fleisch gar ist, nimmt man es aus der Brühe und läßt es über Nacht liegen. Von der gesiebten Brühe mißt man 1 l ab und weicht darin über Nacht die Gerstengrütze ein.
Am nächsten Tag wird das Fleisch durch den Fleischwolf gedreht. Die Gerstengrütze kocht man auf und läßt sie anschließend noch 15 Minuten quellen. Dabei muß man gut umrühren. Das durchgedrehte Fleisch wird mit der Gerstengrütze vermischt. Da bei diesem Rezept nur schieres Rindfleisch verwendet wird, fügt man noch relativ viel Butter zu. Rinderwurst soll eine dickbreiige Konsistenz haben. Ist sie zu dick und zu trocken, gießt man noch etwas Brühe nach. Mit Thymian, Salz und Pfeffer wird abgeschmeckt. Die Rinderwurst muß ganz heiß serviert werden. Dazu kann man entweder nur Brot oder Kartoffeln mit Senfsoße und sauren Gurken essen.

Schmalz mit Äpfeln und Zwiebeln

500 g Flomen oder Speck
2 Zwiebeln
1 säuerlicher Apfel

Der gewürfelte Speck wird unter Rühren ausgelassen. Wenn die Schremen hellbraun sind, gibt man die fein gehackten Zwiebeln und den geschälten, vom Kerngehäuse befreiten und in feine Scheiben geschnittenen Apfel dazu und brät weiter, bis die Schremen kroß sind. Man füllt das Schmalz in Steinguttöpfe und läßt es bei Zimmertemperatur abkühlen.
Schmalz vom Schwein oder von der Gans ist ein leckerer Brotaufstrich.

Lippische Weihnachtsgans

1 Mastgans
Äpfel
Zwiebeln
Rosinen
Salz
Thymian, Majoran

Die gewaschene und abgetrocknete Gans wird von innen und außen mit Salz, Thymian und Majoran eingerieben. Sie wird mit geviertelten, vom Kerngehäuse befreiten Äpfeln, grob gewürfelten Zwiebeln und Rosinen gefüllt und zugenäht. Flügel und Keulen werden mit Küchengarn am Körper befestigt. Die so vorbereitete Gans gibt man in einen Bräter mit kochendem Wasser. Hin und wieder sticht man unter den Bollen mit einer Nadel ein und läßt das austretende Fett in den Bräter laufen. Nach 1 Stunde nimmt man die Gans heraus, gießt die Flüssigkeit in einen Topf und setzt die Gans in dem gefetteten Bräter bei 200 °C für 2 Stunden in den Backofen. Während dieser Zeit wird sie ab und zu mit dem Wasser und Fett aus dem Bräter übergossen.
Dazu gibt es Salzkartoffeln und Rotkohl.

Gänse-Schwarzsauer

1 Gänseklein (Füße, Kopf, Hals, Flügel, Magen, Herz, Leber)
250 g Dörrobst
1 EL Mehl
Gänseblut
1½ l Wasser
1 TL Majoran
3 Nelken
Essig
Zucker
Salz

Dieses Rezept ist bei Lippern besonders beliebt, weil so noch die Gänseteile verwendet werden können, die für den Braten nicht zu gebrauchen sind.
Die Füße werden überbrüht und abgehäutet, die Augen ausgestochen und der Schnabel abgeschlagen, die übrigen Teile sauber gewaschen. In das kochende Wasser gibt man Salz, Nelken, Majoran und das Gänseklein. Wenn das Gänseklein gar ist, nimmt man es aus der Brühe, kocht dann das vorgequollende Dörrobst weich und nimmt es dann ebenfalls heraus. Das Gänseblut wird mit Mehl angerührt und vorsichtig in die kochende Soße gegeben. Mit Essig und Zucker wird süß-sauer abgeschmeckt. Das abgelöste Gänseklein wird zusammen mit dem Backobst in der Soße serviert. Dazu gibt es Salzkartoffeln.

Kartoffeln und lippischer Pickert

Pickert – das ist der Inbegriff der lippischen Küche, das lippische Nationalgericht. Deshalb sagt man im Lipperland auch so zutreffend: *„Pickert, dat es eun Gericht, up dat olle sind verpicht."* Einem „echten" Lipper muß man daher nicht erklären, was ein Pickert ist. Für „Zugereiste" und andere Nicht-Lipper läßt er sich auf die Kurzformel Kartoffelhefepfannkuchen bringen. Darunter kann man sich zwar noch nichts Genaues vorstellen, zumindest sind aber schon einmal die wichtigsten Zutaten klar: Kartoffeln und Mehl.

Den Pickert kennt man erst seit knapp 200 Jahren. Die Kartoffel stammt bekanntlich aus Südamerika und wurde erst im 16. Jahrhundert von Seefahrern nach Spanien gebracht. Bis sie auch in Lippe auftauchte, dauerte es noch einige Zeit. Der erste Lipper, der die Kartoffel 1705 aus der Fremde in seine Heimat mitbrachte, soll der Ziegler Mischen aus Tintrup gewesen sein. Die Ziegler kamen als Wanderarbeiter viel herum in der Welt, so daß es nicht verwunderlich ist, wenn auch andere Berufskollegen die seltenen Pflanzen nach Herrentrup, Reelkirchen, Silixen, Asemissen und Linderbruch brachten. Schon 1730 soll es im Garten des Rittergutes Wendlinghausen Kartoffeln gegeben haben. Das waren allerdings Ausnahmen, denn im allgemeinen waren die lippischen Bauern wenig experimentierfreudig und standen diesem neumodischen Gewächs außerordentlich skeptisch gegenüber. Das stellte auch schon der Hofkanzler Hoffmann fest, der 1786 über seine Landsleute schrieb: Der Lipper „hängt an überlieferten Vorurteilen und alten Gebräuchen, ist schwer davon zurückzubringen und in seiner Landwirtschaft äußerst selten anders als durch sinnliche Beweise und Beispiele, nur durch diese also sicher auf Verbesserungen darin zu leiten (...). Ist aber einmal der Lipper von der Güte und den eigenen Vorteilen einer neuen Einrichtung überzeugt, so faßt er sie fest und wirkt standhaft für Ausführung."

Der damals regierende Graf Simon August war offensichtlich eher als seine Untertanen vom Nutzen der Kartoffeln überzeugt. Um der schnelleren Verbreitung der Knollen etwas nachzuhelfen, ließ er Kartoffeln anschaffen und verteilen. Außerdem erließ er 1773 eine Verordnung, durch die die Bauern ermuntert werden sollten, Kartoffeln im Garten und auf den Feldern anzubauen. Als besonderer Anreiz sollte von den zukünftigen Ernten kein Zehnt abgegeben, sondern für diese nur eine geringe Vergütung bezahlt werden. Im Gegensatz zu Friedrich dem Großen in Preußen verzichtete Graf Simon August aber darauf, seine Bauern zum Kartoffelanbau zu zwingen. Grund für die Verordnung waren die katastrophalen Mißernten von 1770 und 1771, die zu enorm gestiegenen Getreide-

preisen und einer großen Hungersnot geführt hatten.
Vor allem für die kleinen Bauern war die Kartoffel ein Segen, brachte sie doch auf der gleichen Fläche dreimal mehr Nährwerte als Getreide. Auch auf den leichten Sandböden der Senne, auf denen sonst fast nur der anspruchslose Buchweizen bescheidene Erträge brachte, wuchsen die Kartoffeln gut. Sennekartoffeln waren sogar bekannt für ihre hervorragende Qualität.
So wurde die Kartoffel in der Senne relativ schnell heimisch, vor allem die sogenannte englische Kartoffel, die zur ersten Aussaat auf Befehl des Landesherrn im Jahre 1770 aus Köln angeschafft und in Haustenbeck und Pivitsheide verteilt worden war. Der Augustdorfer Ernst Friedrich Küstermann berichtete 1863: „Die Kartoffeln gerieten hier fast die ganzen Jahre hindurch gut, und sind jährlich an 3 bis 4000 Scheffeln nach Detmold und anderen Orten verkauft worden. Dabei kamen den Dörenschen die hohen Preise gut zu statten und auch der Ruf ihrer Kartoffeln, der sich auf ihren Wohlgeschmack und ihr gutes Gedeihen gründet. In Detmold sind von Händlern oftmals ganze Fuder Kartoffeln als Dörensche verkauft, aber nicht als solche gegessen worden. Schon seit 12 bis 14 Jahren sind von hier auch Sandkartoffeln nach anderen Orten bezogen worden."
Wenn der Lipper erst einmal von einer Sache überzeugt ist, setzt er sich voll dafür ein, hatte Hoffmann sinngemäß geschrieben. So war es auch mit der Kartoffel, denn es kommt nicht von ungefähr, daß es Lipper sind, die zu den Pionieren der Kartoffelzüchtung in Deutschland gerechnet werden. 1812 übernahm Peter Ambrosius Hausmann als Pächter die Meierei Breda

Vom Cartoffelnschmalz.
(aus den Braunschweigschen Anzeigen.)

Weil Butter und Schmalz noch immer in hohen Preisen sind: so hat mir dieses Anlas zu nachstehender Composition gegeben.

Man nimt 4 Pf. Cartoffeln, kocht solche ab, macht sie rein, legt solche auseinander, das sie trokken und kalt werden, alsdenn werden solche auf einer Reibe entzwei gerieben.

Dies klein geriebene Mehl tuht man in ein Pfund Schmalz, welches in einen Topf auf dem Feuer zerlassem wordeu, tuht hiezu noch etwas Neiken-Pfeffer und eine zerschnittene Zirolle. Diese Masse wird so lange um und durchgerühret, bis solche steif wird; dann tuht man solche in eine Butter- oder Schmalzbüchse. Wenn es kalt worden, isset man dieses auf Brod wie ordinair Schmalz, und hat es den Geschmak des Gänseschmalzes.

Lippische Intelligenzblätter, 1772

Eine diätetische Bemerkung, den Genuß der Kartoffeln betreffend.

Diese Bemerkung kan ich hier dreiste als richtig angeben, daß wenigstens $\frac{2}{3}$ von den erwachsenen Personen, die ich an epileptischen Zufällen besucht habe, kurz vor dem ersten Ausbruch des Uebels zum Gemüse Kartoffeln gegessen hatten. Da es nun bekant ist, daß die Kartoffeln, nach allen botanischen Kenzeichen, ein verdächtiges Gewächs sind; daß sie mit dem Tollkraut eine genaue Verwandschaft haben; und daß nach den Erfahrungen der Aerzte, erst seit 20 bis 25 Jahren, ohngefehr so lange, wie wir so häufig die Kartoffeln gebauet, dies Uebel bei uns so gemein geworden ist: so deucht mir fast mit Gewißheit hieraus folgern zu können, daß in dem häufigen Genuß der Kartoffeln der Grund von den jezt so häufigen epileptischen Vorfällen zu suchen sei. Ich glaube dies verdient öffentlich, theils zur Warnung, theils zu weiterm Nachdenken, der Menschheit zum Besten bemerkt zu werden.

D. Kopp.

Lippische Intelligenzblätter, 1780

bei Lemgo und entwickelte dort durch Auslese Sorten, die für den Anbau auf lippischen Böden besonders gut geeignet waren, z. B. „Weiße“ und „Gelbe von Breda“ oder „Hausmanns Gold“.

1845 vernichtete die Kraut- und Knollenfäule große Teile der Kartoffelernte. Das beunruhigte offensichtlich den Ökonomierat und Kartoffelbauer Paulsen in Nassengrund bei Blomherg ganz erheblich. Er „veredelte“ nämlich seine Kartoffeln in einer eigenen Brennerei zu Branntwein und fürchtete Einbußen in diesem Geschäft. Nach jahrzehntelangen Versuchen gelang es ihm, durch Kreuzung widerstandsfähigere und ertragreichere Sorten zu züchten. 1874 gründete er in Nassengrund die „Zucht- und Pruefstation für neue Kartoffel-Varietäten“. Seine Sorte „Paulsens Juli“ wurde nicht nur weit über Lippe, sondern auch über Deutschlands Grenzen hinaus bekannt.

Die Verbreitung der Kartoffel sollte neben der Ermunterung zum Anbau auch durch zahlreiche aufklärerische Abhandlungen über die vielfältigen Verwendungsmöglichkeiten der Knollen gefördert werden. Vor allem in den Lippischen Intelligenzblättern jener Zeit findet man Rezepte zur Herstellung von Kartoffelbrot, Kartoffelschmalz, Nudeln, Torten, Käse, Bier, Met und Branntwein – alles aus Kartoffeln! Es dauerte aber noch eine Weile, bis die Lipper ihr Mißtrauen gegenüber der Kartoffel vollends überwunden hatten. Schließlich gab es auch immer wieder Stimmen, die vor dem Verzehr dieses „verdächtigen Gewächses“ warnten. Noch 1780 konnte man lesen, daß der häufige Genuß von Kartoffeln zu epileptischen Anfällen führe. Das

Unbehagen diesem neuen Nahrungsmittel gegenüber wird auch in dem folgenden lippischen Spruch deutlich: *„Olles wat iut de Luiken kümmt* (z B. Erbsen und Bohnen) *dat stärkt, wat iut'n Keller* (also Kartoffeln) *kümmt, dat es nich hadder nahrhaft"*. Doch die Vorteile der Kartoffel waren auf die Dauer nicht zu leugnen. Die bis dahin übliche Ernährung wurde in relativ kurzer Zeit völlig umgestellt. Die Breispeisen und Suppen, die hauptsächlich mit Mehl zubereitet wurden, das nicht nur in Hungerszeiten relativ teuer war, und sogar das Brot, wurden mehr und mehr durch Kartoffeln oder Kartoffelgerichte ersetzt. Aus diesem Grunde nannte man die Kartoffel auch bald das „Brot der Armen".

Vermutlich probierten die Menschen zunächst alle möglichen und unmöglichen Methoden, die Knollen zuzubereiten. Den Kartoffelpuffer beispielsweise soll man in Lippe schon 1820 gegessen haben. Da liegt es nahe, daß die Sennebäuerinnen geriebene Kartoffeln mit Buchweizenmehl vermischten. Das etwa war wohl die Geburtsstunde des lippischen Pickert. Wer ihn „erfunden" hat, ist nicht bekannt.

Eigentlich kann man gar nicht von *dem* lippischen Pickert sprechen, denn es gibt ungezählte Varianten. Jede Familie schwört auf ihr eigenes Rezept. Schon 1863 nennt Ernst Friedrich Küstermann in seiner Geschichte über Augustdorf acht verschiedene Grundrezepte, und zwar Pickert aus reinem Buchweizenmehl, nur aus Kartoffeln, aus Kartoffeln und Weizenmehl, aus Kartoffeln und Buchweizenmehl und alle vier Arten sowohl mit als auch ohne Hefe.

Woher das Wort Pickert eigentlich kommt, kann man nur vermuten. Wahrscheinlich leitet es sich vom plattdeutschen „pekken" ab, was ankleben bedeutet. Das kann sich einmal darauf beziehen, daß der Pickert beim Backen ankleben bzw. anbrennen kann, wenn man nicht aufpaßt, oder darauf, daß die ärmsten Leute den Teig früher einfach an die Ofenwand klebten, von der er dann abfiel, sobald er gar war. In der Regel wurde er jedoch auf einer Ofenplatte gebacken, die eigens dafür mit Griffen hergestellt worden war.

Daß Pickert in Lippe so beliebt wurde, liegt sicherlich nicht nur daran, daß auch die ärmsten Bevölkerungsschichten Kartoffeln und Buchweizen anbauen bzw. billig kaufen konnten. Entscheidend war mit Sicherheit auch, daß er mit minimalen Fettmengen gebacken werden konnte, da Fett früher oft besonders knapp war. Es reichte nämlich schon, die Ofenplatte mit einer Speckschwarte einzureiben. Und noch einen Vorzug hat der Pickert. Da man die Grundrezepte durch weitere Zutaten wie Milch, Eier und Rosinen verfeinern kann, war Pickert nicht nur ein „Arme-Leute-Essen", sondern in allen Bevölkerungsschichten beliebt. Heute wird Pickert fast ausschließlich mit den üppigeren Zutaten gebacken. Eine Besonderheit war der Blutpickert, der in einigen Gegenden Lippes zur Schlachtezeit gegessen wurde. Dazu wurde der Teig mit etwas Blut des frisch geschlachteten Tieres vermischt – sicherlich nicht jedermanns Geschmack.

Wenn man es sich leisten konnte, aß man den Pickert nicht nur pur, sondern bestrich ihn mit einem leckeren Belag, z. B. mit Butter, Rübenkraut, Marmelade oder lippischer Leberwurst. Auch die Kombination von Rübenkraut und Leberwurst war beliebt. Jeder Nicht-Lipper wird bei dem Gedanken daran zusammenzucken, aber ein Probeessen hat schon so manchen überzeugt. Dazu gibt es heutzutage Bohnenkaffee – früher wurde er oft durch Kaffee aus Zichorienwurzeln ersetzt – und anschließend einen Schnaps. In vielen lippischen Familien war der Pickert ein Festessen. Die Wanderziegler wurden meist, wenn sie im Herbst von der Kampagne nach Hause kamen, mit einem Pickertessen begrüßt. Auf einigen lippischen Bauernhöfen wurden alle Helfer, wenn das letzte Fuder eingefahren war, mit dem lippischen Nationalgericht belohnt. Teilweise gab es Pickert auch zum Trost für diejenigen, die im November nicht mit auf die Andreasmesse nach Detmold gehen konnten und zu Hause bleiben mußten.

Oft wurde Pickert auch am Samstag oder Sonntag gegessen. Es wurde dann gleich so viel gebacken, daß man am nächsten Tag noch genügend zum Aufwärmen hatte. Ob der Pickert dann besser schmeckt, ist eine alte Streitfrage. Die einen schwören darauf, daß man ihn ganz frisch essen muß, den anderen ist er aufgewärmt noch mal so lieb. Altbackener Pickert heißt übrigens *Ledderhermken.*

Auch über die Bekömmlichkeit des Pickert gehen die Meinungen auseinander: E. F. Küstermann meinte 1863 dazu: „Gar gebackener Pickert ist ein gesundes Essen, das bei uns sogar Saugkinder ohne Schaden genießen dürfen. Fast jeder isset ihn auch gern“. Ein anderer Pickert-Anhänger meint, daß „dem glücklichen Inhaber eines derb-gesunden Magens“ schon beim Gedanken an Pickert das Wasser im Munde zusammenlaufe. Auch August Wiemann ist sein Leibgericht immer gut bekommen, selbst wenn es ab und zu einmal wie Rizinusöl und Rhabarberpillen gewirkt haben soll. Letztendlich kommt es wohl auch beim Pickert auf die Menge an.

Auf dem Lande ist das lippische Nationalgericht nie in Vergessenheit geraten. In der Stadt dagegen ist es schon zweimal beiseite geschoben und dann quasi wiederentdeckt worden. Die erste „Pickert-Renaissance“ liegt in der Zeit zwischen 1933 und 1945, mit einem Höhepunkt nach dem Ausbruch des Zweiten Weltkrieges. Damals kam der Pickert zu neuen, zweifelhaften Ehren. In der Lippischen Staatszeitung wurde er 1934 als ein „zeitgemäßes Eintopfgericht“ gepriesen, das auch dem „Winterhilfswerk wertvolle Dienste leisten“ könne. Im Nationalsozialistischen Heimatkalender für Lippe wurde der Pickert 1941 als „schöne Entdeckung“ gelobt.

Eine zweite Renaissance erlebte der Pickert in den 70er Jahren, wohl im Zuge der Nostalgiewelle. Seitdem bekommt

Pickert-Kantus

(Mel. Preisend mit viel schönen Reden)

Pickert ist die beste Speise;
Pickert ist mein Leibgericht.
Ihm zu Ehren spar ich weise
und mit fröhlichem Verzicht
Brot, jedoch die Butter nicht!
Mancher vornehm reiche Knabe
schlemmt in Dingen ohne Zahl.
Wenn ich lipp'schen Pickert habe,
pfeif ich auf ein Fürstenmahl -
und ich steh wie'n Eichenpfahl!

Schemmels Fritken

man ihn in vielen Bäckereien fertig gebacken, er muß dann nur noch aufgewärmt werden. Aber auch in Gaststätten kann man Pickert auf der Speisekarte finden, nicht nur im Freilichtmuseum in Detmold.

Beliebt ist es heute auch, bei größeren Veranstaltungen ein Pickertessen zu organisieren.

Keun Sunndag eone Pickert

Wat eun ault Lipper es, kann sick keunen Sunndag eone Pickert denken. De heuert 'er teo osse de Kuckuck teon Freojohrswaule un de Bruime teoer Briut. Bui us in Höfte word et Sunomds mänchmol düht lade. Wui wörn jo met eunen halben Dutzend Demestuiken, hatten Gorn un Lönnerrujje, hatten auk Schwuine un Siegen in'n Stalle, un et word nich Fujjeromt, bät Stöben un Däll un Ställe un Hofrium blitzeblank wörn. Öwer wenn et auk nau seo lade word, de Pickert moßt euerst nau inrojjert un backen un probeuert wern, euer kreig us keuner int Bedde. Inner Omttuit gaf et dann oll mol dat öwerbliebene Middageten, öwer dat rechte Nachmisse kam doch euerst noher, seo ümme Klocken elwe eoder twelwe, wenn de Modder ehrn Berg Pickert ferg hadde. Jou, et was jümmern richtigen Berg, seon Stücker twelwe uppen anner, graude iutwossen Pickers, jeuder seon Berl Disk graut. Dorteo gaf et teon Upschmern soidet Roepensap van Sap-Cruwel iuter Loge, eoder Swetskensap iut eugen Kettel, eoder widde Siegenboddern iut eugener Kärnen, eoder Lewerwost van eugener Ossen. Un wat wui up seo eune Mohltuit geot schleupen, löft keun Minske!

Den ganzen Sunndag word auk keun Stück Braut anpackt. Dat schmicke dann eunfach nich un passe nich inne Welt. Un wat de Mondagmorn was, dor hadde de Modder auk vo jeuden naun Stücke Pickert upheget. Dann word eunen de Anfang van der Olldagswieken nich seo unwuis siwer. Seo genk dat johrin un johriut. Auk an den haugen Festdan in'n Johr, an Wuinachten, Austern und Pingsen, wenn't hiusbacken Stiuten teon Satteten gaf, word doch de Pickert nich vogetten un voschmon. Suine Klör was an söcken Dagen ollerdinge gäller osse süß, heu hadde auk swarte Korinthen osse Augen.

Eck mot sojjen, de Pickert es us jümmer geot buikumen, wenn'e af un dann auk mol wirke osse Rizinusölge eoder Rabarberpillen. Seowat hölt eunen risk un frisk, un man kann'er ault bui wern. Jou, eck lode nicks up den geon lippsken Pickert kumen! Wer den nich mag, der kint'en nich eoder weut nich, wat geot schmickt. Un niu: Geon Aptuit!

August Wiemann

* **Der Pickert.** (19. Jahrg. Nr. 12 u Nr. 14. S. 286.) Die hübsche Schilderung des Pickertbackens hat auch in mir Erinnerungen wachgerufen an die von allen Familienmitgliedern sehnsüchtig erwarteten Nachmittage, an denen es Pickert geben sollte. Allerdings war die Herstellung etwas moderner als die vom Eggegebirge mitgeteilte, aber dennoch entbehrte sie nicht eines gewissen Reizes. Der schmackhafteste Pickert wurde aus den neuen Kartoffeln bereitet, und deshalb wurde der erste Pickert im Sommer mit um so größerer Freude begrüßt; besonders leckeren Pickert gaben die sogenannten Rosenkartoffeln. Nicht alle Kartoffeln eigneten sich gleichgut dazu; da eine ziemliche Menge benötigt wurde, so wählte man nur große Kartoffeln aus, die davon (in Lippe) nur den Namen „Pickertkartoffeln" führten, auch wenn sie nicht zur Herstellung dieses schmackhaften Gerichts bestimmt waren. Die Pickertkartoffeln wurden auf der herkömmlichen „Reibe" gerieben, das Gereibsel wurde mit Milch, „Gest" (Hefe) vermengt und, nachdem es „gegangen" war, auf der sorgfältig gereinigten „Pickertplate" ausgebreitet. Letztere war eine vom Schlosser nach der Größe des Ofens hergestellte Platte von Eisenblech, rechteckig, an den Seiten mit einer etwa 1½ bis 2 cm hohen Kante und an den beiden Schmalseiten mit zwei Griffen versehen. Der Ofen wurde tüchtig geheizt, doch durfte er nicht glühend werden, dann wurde die „Plate" auf die innere Ofenplatte gestellt, mit Fett eingerieben (die meisten Leute nahmen „Ungel" d. h. Talg hierzu) und dann, wenn das Fett gehörig erhitzt war, wurde eine etwa fingerdicke Schicht Teig darauf ausgebreitet. Hatte die eine Seite die nötige nußbraune Färbung erreicht, war also gar, dann wurde die Platte herausgenommen; mit Hilfe von zwei Schinkentellern wurde der halbgare Pickert gewendet und noch einmal auf die Ofenplatte gesetzt, bis auch die zweite Seite die leckere braune Färbung zeigte. Ohne weitere Umstände kam dann der Pickert auf den weißgescheuerten Eichentisch, wurde in rechteckige, handliche Stücke zerteilt, mit Butter bestrichen und zum Kaffee genossen. Mittlerweile ging es an das Backen des zweiten Pickerts u. s. f. Da der Pickert am besten frisch und warm schmeckt, so stellte man im allgemeinen nicht mehr her, als auf einmal verspeist werden konnte, das aber war auch unter gewöhnlichen Umständen nicht wenig. Der Pickert war so beliebt, daß von dem ersten Pickert auch der Nachbarschaft ein Stück gebracht wurde, oder es erhielten die Nachbarskinder, die natürlich längst von dem fröhlichen Ereignis eines Pickertbackens Wind „gerochen" hatten, eine Einladung, am Pickertessen teilzunehmen. K. Wehrhan.

In Augustdorf wird Pickert gebacken

Soeben schon theile ich mit, meine Nachbarinn und ihre Kinder haben Kartoffeln geschält und gerieben, also müssen wohl zu einem solchen Kuchen durchaus Kartoffeln nöthig sein? Nicht so, man bäckt einmal den Pickert von purem Buchweizenmehle, oder man bäckt ihn von Kartoffeln allein, oder zum dritten von Kartoffeln und Winterweizenmehl, oder zum vierten, und so wird es gewöhnlich gemacht, wenn man anders wegen der Arbeit eben dazu kommen kann, von Kartoffeln und Buchweizenmehl. Von dem letztern will ich sprechen, und mag daraus die Zubereitung der andern Arten abnehmen.

Man kann solchen Pickert, wie die andern alle auch, mit Gest und ohne Gest backen. Meine Nachbarinn will einen Gest-Pickert backen, denn der Sonntag muß etwas vorab haben. Einen solchen rührt man am Abend vorher ein. Man mengt geriebene Kartoffeln, Mehl, Gest, etwas Salz und Wasser (statt dessen auch wohl Milch) durcheinander, so daß es eine ziemlich schwanke (noch etwas fließende) Masse bildet. Die Nacht über kommt das in der warmen Stube in Gärung (es geht auf, oder wird rasch). In der Stubenwand nach der Diele hin, steht ein alter Ofen, ein Altenbeker D oder E oder F, von außen zu heizen. Auf diesen Ofen wird der Pickert am nächsten Morgen gar gemacht. Zu dem Ende heizt man, am liebsten mit Reisigholz, recht tüchtig ein; das thun die Kinder, und thun es, ohne daß sie geweckt zu werden brauchen. Wenn das Wort Pickert genannt wird, dann arbeiten auch faule Kinder fleißig; eins will noch lieber für passendes Holz sorgen, als das andere. Der Ofen ist heiß, die Mutter wird geweckt und steht auf. Sie probiert den Ofen mit dem nassen Finger; richtig, er ist gut, denn er zischt.

Sie nimmt ein nasses Waschtuch und wischt das Oberblatt wacker ab, damit das Schmier vom vorigen Backen her und der Staub aus der vergangenen Woche entfernt werden. Darauf reibt sie den Ofen mit einer Speckschwarte recht tüchtig ab, damit der Pickert nicht anbrenne. (Das riecht eben so schön, als das Opfer der Alten!) Nun rührt die Mutter mit einem hölzernen Löffel ihre Pickertmasse, die die Nacht über in einem Topfe oder Eimer gestanden hat, rasch tüchtig durch und schüttet sie auf den Ofen.

Das Wenden ist ein ziemliches Kunststück, denn der Pickert ist oben auf noch ganz weich, und seine Länge hat etwa $1\frac{1}{2}$–2 Fuß, während die Breite von 1–$1\frac{1}{2}$ Fuß beträgt. Zum Wenden gebraucht man dünne Milchbretter, die man von vornen her möglichst weit unterschiebt. Mittels dieser Bretter wird der Pickert mit einem Schlage umgeworfen. Wenn dieser Wurf nicht gelingt, so ist der Pickert verpfuscht, und liegt mehr oder weniger doppelt, oder gar in einem Puck; es wird nichts Wackeres daraus. Gewöhnlich ist *in jedem Hause nur Einer, der dieses Kunststück versteht und auch für gewöhnlich verrichten muß; es gibt sich nicht leicht ein Anderer dazu her.*

Aber auch der Beste hat wol mal einen verpudelt. So sagte ich z.B. kürzlich zur Haushälterin des Vorstehers Böger, als sie sich grad zum Wenden anschickte, ob sie auch wohl einen Pickert in einen Klumpen werfen könne. Ihr stieg das Blut etwas in die Wangen, und richtig warf sie den Kuchen in einen Puck. Offenbar hatte ich die Schuld, und bekam deshalb auch sogleich meine Strafe, kein freundliches Gesicht den Nachmittag wieder, und der Pickert schmeckte auch nicht so gut als sonst! –

Will man einen Pickert ohne Gest backen, so rührt man Kartoffeln, Mehl, ein wenig Salz und Wasser gehörig unter einander, und dann kann das Backen sogleich losgehen. Die ärmeren Leute brauchen nur Kartoffeln und Salz zum Pickert, und bei Wintertage, wenn ja doch eingeheizt werden muß, essen sie fast ebenso viel Pickert als Brod. – In 30 Minuten ungefähr ist er gar. –

Ein gut gerathener Gestpickert, und darauf frische Butter gestrichen, schmeckt zu gutem Kaffee ganz vortrefflich, viel besser als simpelner Butterkuchen. Lächle nur, du städtischer Leckerzahn! Du solltest unsern Pickert auch wol mögen, wahrscheinlich auch mit alter Butter, und ohne Zucker im Kaffee!

Willst du die Hausnummer wissen, wo man die meisten Pickert isset, nämlich alljährhlich das Mehl von 5–7 Scheffel Buchweizen dazu gebraucht, so zähle zu der Summe unserer 109 Colonate noch 11, dividire durch 2 und addire alsdann 4.

Gar gebackener Pickert ist ein recht gesundes Essen, das bei uns sogar Saugkinder ohne Schaden genießen dürfen. Fast Jeder isset ihn auch gern! –

Ernst Friedrich Küstermann, 1863

Altenbekener Ofen

Gest-Pickert

500 g Kartoffeln
500 g Mehl
1/4 l Milch
5 Eier
1 TL Salz
40 g Hefe
Rosinen

Die Hefe läßt man mit etwas lauwarmer Milch gehen. Die rohen Kartoffeln werden gerieben und – nachdem man den Saft abgegossen hat – mit den restlichen Zutaten zu einem Teig vermengt. Den Teig läßt man 1 bis 1 1/2 Stunden an einem warmen Ort gehen. Dann wird er etwa 1 1/2 bis 2 cm dick in eine Pfanne mit heißem Fett gefüllt und langsam gebacken. Wenn die untere Seite gebräunt ist, wird der Pickert gewendet. Dazu reicht man Kaffee und Butter, Rübenkraut, Zwetschgenmus oder Leberwurst.

Eichenkrüger Pickert

5–6 dicke Kartoffeln
500 g Mehl
1 l Milch
10 Eier
500 g Haferflocken
40 g Hefe
1 EL Salz
1 EL Zucker
evtl. Rosinen

Dieser Pickert wird genauso zubereitet wie der Gest-Pickert nach dem ersten Rezept. Die Menge reicht für zwei Tage.
Hier noch ein Tip zum Aufwärmen: Viele Pickertliebhaber meinen, daß Pickert am besten schmecke, wenn er in einer Pfanne mit einer ganz kleinen Schicht kochendem Wasser und nicht in Öl aufgewärmt wird.

Pickert nach Oma Brömel

500 g Kartoffeln
750 g Mehl
5 Eier
etwas Milch
40 g Hefe
100 g Rosinen
etwas Salz
etwas Zucker

Die rohen Kartoffeln werden gerieben, der Saft abgegossen, mit Mehl, Eiern, Salz und Zucker zu einem Teig vermengt. Die mit lauwarmer Milch und etwas Zucker angerührte Hefe wird in die Mitte des Teiges gegeben. Man läßt sie an einem warmen Ort etwa 1/2 Stunde gehen. Dann wird alles verrührt und noch einmal für 1 bis 2 Stunden an einen warmen Ort gestellt, bevor man den Teig langsam in einer Pfanne von beiden Seiten backt.

Heiligenkirchener Pickert

10 dicke Kartoffeln
1,5 kg Mehl
$1^1/_4$ l Milch
12 Eier
80 g Hefe
$^1/_2$ TL Zucker
etwas Salz

Dieses Rezept reicht für 12 Personen. Es wird wie der Gest-Pickert zubereitet.

Buchweizen-Pickert

1 kg Kartoffeln
125 g Buchweizenmehl
4 EL Milch
2–4 Eier
Salz

Der Buchweizen-Pickert, der früher vor allem in der Senne gegessen wurde, wird wie der einfache Pickert hergestellt.

Einfacher Pickert

1,5 kg Kartoffeln
250 g Mehl
1/8 l Milch
2–4 Eier
etwas Salz

Die Kartoffeln werden geschält, gewaschen, gerieben und mit Salz, den Eiern, Mehl und Milch verrührt. In einer Pfanne erhitzt man Öl auf Stufe 3 und backt den Teig auf Stufe 2. Sobald der Pickert von einer Seite gebräunt ist wird er gewendet und auf der anderen Seite gar gebacken.
Weil dieser Pickert keine Hefe enthält, entfallen die Wartezeiten für das Gehen des Teiges. Er wird aber auch nicht ganz so locker.

Heutzutage gibt es in den Haushalten wohl kaum noch eine Ofenplatte zum Pickertbacken. Man kann das jedoch genauso gut in einer Pfanne auf einem Gas- oder Elektroherd tun. Wichtig ist nur, daß man die Hitze nach dem Erwärmen des Fettes und dem Einfüllen des Teiges bald herunterschaltet. Der Pickert muß langsam gar werden!
Welche Größe die Pfanne haben sollte, hängt ganz entscheidend vom Geschick der Köchin oder des Koches ab, den Pickert zu wenden. Wer noch keine Erfahrung hat, fängt am besten mit einer kleinen Pfanne an. Die Dicke des Pickerts richtet sich nach der Dickflüssigkeit des Teiges und ist je nach Rezept verschieden. Die hier wiedergegebenen Rezepte sind nur Beispiele, die je nach Geschmack oder nach dem, was der Kühlschrank an Vorräten gerade hergibt, variiert werden können. Der Phantasie sind da keine Grenzen gesetzt.

Da Pickert am besten mit Belag schmeckt, sollen hier die Rezepte dafür nicht fehlen. Wie man lippische Leberwurst macht, ist im Kapitel „Schlachtefest in Lippe“ beschrieben.

Rübenkraut

Für das Zubereiten von Rübenkraut (Zuckerrübensirup) braucht man lediglich eine beliebige Menge Zuckerrüben, die gründlich gewaschen, geschält und in kleine Stücke geschnitten werden. Sie werden mit wenig Wasser weich gekocht. Will man nur eine kleine Menge kochen, preßt man die garen Schnitzel anschließend durch ein sauberes Leinentuch kräftig aus. Bei großen Mengen kann es sich schon lohnen, wenn man sich eine Öl- oder Obstpresse besorgt. Wer einen elektrischen Entsafter besitzt, kann die Rübenschnitzel auch roh entsaften.
Gleichgültig auf welche Art und Weise der Zuckerrübensaft gewonnen wurde, muß er nun bei mittlerer Hitze unter ständigem Rühren eingekocht werden, bis er dickflüssig ist.

Zwetschgenmus wurde früher zentnerweise in Waschkesseln, die 100 bis 150 Liter faßten, gekocht. Da heute kaum noch jemand einen Waschkessel besitzt und die Familien in der Regel sehr viel kleiner sind, wurde das folgende Rezept auf Mengen reduziert, die in jeder Küche ohne Schwierigkeiten zu bewältigen sind.

Zwetschgenmus

5 kg reife Zwetschgen
1 kg Zucker
2 Stück Stangenzimt
etwas heißer Pfeffer (Piment)

Die Zwetschgen werden gewaschen, entsteint und gut in einem Topf mit dem Zucker vermischt. So läßt man sie über Nacht stehen. Am nächsten Morgen werden Stangenzimt und heißer Pfeffer zugefügt. Ohne Rühren und mit geschlossenem Deckel werden die Zwetschgen 2 Stunden langsam gekocht. Wenn das Mus genügend eingekocht ist, wird es vom Herd genommen und noch 15 Minuten gerührt. Man kann Zwetschgenmus auch in einem feuerfesten Topf bei 220 °C in 3 Stunden im Backofen kochen. Dabei muß man allerdings gelegentlich umrühren. Das heiße Mus wird in Schraubgläser gefüllt, die gleich verschlossen werden. Statt mit heißem Pfeffer kann man Zwetschgenmus auch mit Nelken würzen.

Der Pickert war die Festtagsvariante der Kartoffelverwertung. Doch bildete die Kartoffel seit dem 19. Jahrhundert die Grundlage fast jeden Alltagsgerichts der ärmeren Stadt- und Landbevölkerung, wobei die Zubereitungsmethoden um so eintöniger waren, je ärmer die Menschen lebten. In manchen Familien gab es noch bis zum Zweiten Weltkrieg tagein tagaus Pellkartoffeln. Besonders beliebt waren Pellkartoffeln mit Speck- und Zwiebeltunke *(Baßkatuffeln met Speck un Suipel).* Die Soße, in Lippe auch *Stippe* genannt, wurde in einer großen Schüssel in die Mitte des Tisches gestellt, wo dann jeder seine Kartoffel einstippte. Ein anderes Stipsel war geglühtes Rüböl mit Salz. Dieses Öl wurde aus Rübensamen in den Ölmühlen gewonnen, von denen es in Lippe damals viele gab.

Während des Zweiten Weltkrieges sollte die Pellkartoffel wohl auch solchen Hausfrauen und ihren Familien schmackhaft gemacht werden, die bis dahin meinten, „Pellkartoffeln könne man nur gelegentlich essen, und dann gehöre unbedingt Butter und Quark dazu". Im Nationalsozialistischen Heimatkalender für Lippe aus dem Jahre 1941 findet man ein „Lob der Pellkartoffel" mit Rezepten für eine Fleisch-, Hefe- und Bechamel-Tunke.

Welche große Rolle die Kartoffel für die Ernährung der ärmsten Bevölkerung spielte, läßt sich anhand der Speisezettel damaliger Volksküchen ermessen. In den Lippischen Intelligenzblättern wurden Ende des 18. und Anfang des 19. Jahrhunderts zahlreiche „nahrhafte und wohlfeile Suppen" für die Ernährung der Bedürftigen – hauptsächlich in den Städten – propagiert, die fast alle auf der Grundlage von Kartoffeln gekocht wurden. Am berühmtesten wurde wohl die Rumfordsche Suppe, deren Zubereitung 1803 im Fürstlich-Lippischen Kalender genau beschrieben wurde.

Wenn das Obst reif wurde, kam etwas Abwechslung in den eintönigen Pellkartoffel-Alltag, denn auch die kleinsten Kötterstellen verfügten meist über einige Obstbäume. So kamen auch in Lippe Kartoffelbrei mit Apfelbrei *(Himmel un Ern'n),* Bratbirnen *(Bröwwern)* in Kartoffeln gekocht oder Zwetschgen und Kartoffeln *(Schwetsken un Katuffeln, Schwetskensoppen)* auf den Mittagstisch.

Daß die Kartoffeln in Lippe schon recht früh zu Kartoffelpuffern verarbeitet wurden, haben wir schon beim Pickert erwähnt. Wenn das Gericht etwas üppiger ausfallen konnte, gab man in jeden Puffer ein Stück Speck oder Blutwurst. Auch eine Mettwurst, die *„atzag"* geworden war, d. h. schon einen grauen Rand hatte, konnte so noch verwertet werden.

Natürlich wurde aus Kartoffeln auch Kartoffelsuppe *(dünne Katuffel)* zubereitet, die man in Lippe gerne mit gebratenem Speck oder mit eingeschnittenen Kohlwurststücken verfeinerte. Eine besondere Spezialität war die Pivitsheider Kartoffelsuppe *(Puividder Pohl),* die so steif sein mußte, daß der Löffel wie ein Pfahl darin stehen blieb.

Bratkartoffeln sind den Lippern ebenfalls nicht unbekannt. Original heißen sie *Dompkatuffeln* oder *Pann'nkatuffeln.* Sie werden nicht aus gekochten, sondern aus rohen, in Scheiben geschnittenen Kartoffeln hergestellt, die früher in Rüböl gedämpft wurden. Bei dieser Zubereitungsart ist es besonders wichtig, daß der Pfannendeckel sehr gut schließt, damit der Dampfschwaden nicht entweicht. Das kann man erreichen, indem man ihn mit einem zusammengelegten, sauberen Leinentuch dicht macht.

Zum Abendnachtisch gab es hin und wieder *Boddermelksgeballerse,* aus Kartoffeln und Buttermilch bereitet, das auch mit dem lautmalerischen Namen *Schlampampel* bezeichnet wird.

Dünne Kartoffelsuppe

500 g Kartoffeln
1 Knolle Sellerie
1 Stange Lauch
1 Zwiebel
1 l Brühe
1 Lorbeerblatt
30 g Butter
Salz, Pfeffer

Die gewürfelten Kartoffeln und der Sellerie sowie der in Ringe geschnittene Lauch werden mit den Gewürzen in der Brühe gar gekocht und anschließend durch ein Sieb gestrichen. Zum Schluß werden die in Butter gebräunten Zwiebeln hinzugefügt.
Mit Schinkenresten kann die Suppe verfeinert werden.

Dicke Kartoffelsuppe

1,5 kg Kartoffeln
200 g Lauch
200 g Möhren
2 Zwiebeln
100 g durchwachsener Speck
2 l Rinderbrühe
1 TL Majoran
Salz, Pfeffer
Schweineschmalz
4 Rauchendchen

Die Zwiebeln werden klein gewürfelt und in Schmalz angebraten, bis sie leicht braun sind. Dann gießt man die Rinderbrühe auf und bringt sie zum Kochen. Die kleingeschnittenen Kartoffeln und Möhren werden hinzugefügt und etwa 20 Minuten weichgekocht. Die Suppe wird dann durch ein Sieb passiert oder mit dem Mixstab püriert. Nun gibt man den in Ringe geschnittenen Lauch, die in Scheiben geschnittenen Rauchendchen und den Majoran hinzu und läßt alles noch einmal 10 Minuten köcheln. Zum Schluß wird der gewürfelte Speck angebraten und in die Suppe gestreut, die vorsichtig mit Salz abgeschmeckt wird.
Die angegebene Menge reicht für acht Personen.

Bratkartoffeln auf lippische Art

1 kg Kartoffeln
20 g Fett
Salz

Für diese Zubereitungsmethode braucht man unbedingt eine Pfanne mit einem sehr gut schließenden Deckel.
Die rohen Kartoffeln werden geschält und in dünne Scheiben geschnitten. Das Fett laßt man in einer Pfanne heiß werden und gibt die abgetropften Kartoffeln mit Salz hinzu. Sofort wird der Deckel

aufgelegt, der nur zum Wenden kurz abgenommen wird. Nach 20 bis 30 Minuten sind die Kartoffeln hellbraun und weich gebraten.

Bratkartoffel-Variante

1 kg Kartoffeln
etwas Fett
100 g durchwachsener Speck
Salz

Diese Zubereitungsart sei all jenen empfohlen, deren Pfannendeckel nicht hundertprozentig schließt.
Die Kartoffeln werden geschält, gewaschen und in Scheiben geschnitten. Das Fett wird in der Pfanne mit dem gewürfelten Speck erhitzt. Dann schüttet man die Kartoffeln hinein, streut Salz darüber, gießt mit einer Tasse Wasser auf und deckt mit einem Deckel zu. Nach 10 Minuten wendet man die Kartoffeln und läßt sie noch weitere 10 Minuten von der anderen Seite gelb werden.

Bratkartoffeln mit Äpfeln

1 kg Kartoffeln
500 g Äpfel
etwas Fett
Salz

Dieses Rezept ist zur Verwertung übriggebliebener gekochter Kartoffeln hervorragend geeignet.
Die gekochten Kartoffeln werden in dünne Scheiben geschnitten und in eine gefettete Pfanne geschichtet. Darüber legt man die ebenfalls in Scheiben geschnittenen Äpfel, die möglichst einen säuerlichen Geschmack haben sollen. Die Pfanne wird zugedeckt und auf eine Flamme mit mittlerer Hitze gestellt. Wenn die Äpfel gar sind, gießt man 1 bis 3 Eßlöffel Wasser vorsichtig von der Seite in die Pfanne, damit sich die Kartoffeln lösen.

Nölles Krimskrams-Pfanne

was der Kühlschrank hergibt und
1–3 Eier
etwas Milch
Fett
Salz, Pfeffer, Muskat

Das folgende neuzeitliche Gericht wird vor allem von besonders sparsamen Lippern geschätzt, die vor dem großen Wocheneinkauf am Samstagmorgen alle Reste, die sich im Laufe der letzten Tage angesammelt haben, verwerten möchten.
Die Grundlage der Krimskramspfanne bilden in der Regel Kartoffelreste. Zunächst einmal benötigt man für die Zubereitung eine große, schwere Pfanne. Je nach Menge der Reste brät man dann zuerst 1 bis 3 in Würfel geschnittene Zwiebeln hellbraun an. Dazu kommen als nächstes die in Scheiben oder in Würfel geschnittenen Kartoffeln, die beliebig durch Nudeln oder Reis ergänzt werden können. Der weiteren Resteverwertung sind nunmehr keine Grenzen gesetzt, es sei denn, der Kühlschrank ist leer. Aber man sollte erst noch einmal genau nachschauen. Irgendwo ist vielleicht noch ein Stück geräucherter Fisch oder das letzte Bratenstück vom Mittagessen verborgen. Auch Gemüsereste, die keine eigenständige Beilage mehr ergeben, sollten nicht achtlos beiseite geschoben werden. In die Krimskrams-Pfanne paßt einfach alles, und die Kombinationsmöglichkeiten sind unerschöpflich. Hier sollen deshalb nur einige bewährte Zusammenstellungen als Beispiele gegeben werden:
grüne Bohnen – geräucherte Makrele,
saure Gurken – harte Mettwurst,
Huhn – Schillerlocken,
Paprika – Rindfleisch,
Emmentaler – Fleischwurst – Tomaten.
Zum Schluß werden die mit Milch verquirlten und mit Salz, Pfeffer und Muskat gewürzten Eier in die Pfanne gegeben. Serviert wird, wenn die Eier gestockt haben.
Vielen Lippern schmeckt die Krimskrams-Pfanne so gut, daß sie sie auch lippische Paella nennen.

Heiligenkirchener Schinkenbegräbnis

1 kg Kartoffeln
40 g Fett
1 Zwiebel
Schinken- und Schwartenreste
2 Eier
1/8 l Milch (oder Brühe)
Salz

Die Kartoffeln werden gekocht, gepellt und in Scheiben geschnitten. Die Schinken- und Schwartenreste werden ebenfalls gekocht und in Streifen geschnitten. Sie kommen lagenweise abwechselnd mit den Kartoffeln in eine gefettete Auflaufform, wobei die untere Lage aus Kartoffeln bestehen sollte. Anschließend werden die mit Milch bzw. Brühe verquirlten Eier darüber gegossen. Bei 200 °C muß das Schinkenbegräbnis 30 bis 40 Minuten im Ofen backen. Selbstverständlich kann man auch alle möglichen anderen Reste auf diese Weise unter den Kartoffeln begraben, z.B. Wurst-, Geflügel-, Fleisch- oder Fischreste.

Speck- und Zwiebelstippe zu Pellkartoffeln

60 g fetter Speck
50 g Mehl
2 Zwiebeln
½ l Gemüse- oder Rinderbrühe
Salz
etwas Essig

Der feinwürfelig geschnittene Speck wird ausgelassen. Darin läßt man das Mehl langsam braun schwitzen und bräunt anschließend die gehackten Zwiebeln darin. Nun füllt man nach und nach unter ständigem Rühren mit Brühe auf und schmeckt mit Salz und Pfeffer ab.

Hackfleisch (Hefe)-Stippe zu Pellkartoffeln

50 g Fett
40 g Mehl
2 Zwiebeln
½ l Brühe
125 g Hackfleisch
(bzw. 30 g Hefe)
saure Gurken
Salz

In dem zerlassenen Fett dünstet man die gewürfelten Zwiebeln und das Hackfleisch an. Falls das Gehackte recht fett ist, kann man auch weniger zusätzliches Fett verwenden. Dann streut man das Mehl ein und läßt es langsam braun schwitzen. Unter ständigem Rühren wird mit der Brühe aufgefüllt. Man läßt die Soße noch einmal richtig aufkochen und schmeckt mit Salz und feingehackter saurer Gurke ab.
Da viele Lipper lange Zeit ohne Fleisch auskommen mußten, haben sie das Hackfleisch durch Hefe ersetzt, die zerbröckelt an die gebräunten Zwiebeln gegeben und 1 bis 2 Minuten neben der Kochplatte verrührt wird.

Bechamel-Stippe zu Pellkartoffeln

20 g Speck
20 g Margarine
40 g Mehl
1 Zwiebel
1/4 l Milch
1/4 l Brühe
Salz
Pfeffer

Der Speck wird ausgelassen, Margarine und feingehackte Zwiebeln hinzugefügt. Man läßt alles mit Mehl hellgelb schwitzen, rührt dann langsam Milch und Brühe dazu und läßt es noch 10 Minuten weiterkochen. Man schmeckt mit Salz und Pfeffer ab.

Himmel und Erde

750 g Kartoffeln
500 g säuerliche Äpfel
80 g Speck oder Butter
1–2 Zwiebeln
Zucker
etwas Salz

Die Kartoffeln werden geschält, in Würfel geschnitten und mit wenig Wasser und Salz aufgesetzt. Wenn sie fast gar sind, fügt man die geschälten, in Viertel geschnittenen und vom Kerngehäuse befreiten Äpfel hinzu und läßt sie 15 Minuten mitgaren. Mit einem Kartoffelstampfer werden Äpfel und Kartoffeln vermischt und grob gestampft. In dem gewürfelten Speck läßt man die gehackten Zwiebeln bräunen und rührt sie unter das Gericht, das mit Salz und Zucker abgeschmeckt wird.
Wie bei so vielen Gerichten, kennen die Lipper auch bei Himmel und Erde verschiedene Zubereitungsarten. So kann man auch Kartoffelbrei und Apfelmus getrennt kochen und erst später beides zusammenmischen.
In jedem Fall ißt man in Lippe am liebsten gebratene Blutwurst dazu.

Kartoffeln mit frischen Zwetschgen

750 g Kartoffeln
500 g Zwetschgen
Zucker, Salz
Speck

Die Kartoffeln werden geschält, gewürfelt und mit wenig Wasser und Salz gegart. Die Zwetschgen werden entsteint und in einem zweiten Topf mit Zucker und ebenfalls nur wenig Wasser gekocht, bis sie weich sind. In drei bis vier Früchten sollte man die Steine lassen, da sie dem Gericht einen besonders feinen Geschmack verleihen. Die garen

Kartoffeln werden abgegossen und gestampft. Die Zwetschgen werden untergehoben und der ausgelassene Speck dazugegeben.
Zu diesem Gericht paßt am besten der echte lippische Schinken.

Kartoffeln mit getrockneten Zwetschgen

1 kg Kartoffeln
300 g getrocknete Zwetschgen
80 g Speck
Salz, Zucker

Die Zwetschgen werden gewaschen, vorgeweicht und fast gar gekocht. Sie werden zu den gewürfelten und fast weich gekochten Kartoffeln gegeben. Wenn beides gar ist, wird das Gericht gestampft, mit Salz und Zucker abgeschmeckt und schließlich mit braungerösteten Speckwürfeln bestreut.

Kartoffeln mit Birnen

1 kg Kartoffeln
3–4 Birnen
80 g Speck
1–2 Zwiebeln
Salz, Zucker
Essig

Die geschälten, geviertelten und entkernten Birnen werden zu den gewürfelten, fast garen Kartoffeln gegeben, wo sie noch 15 Minuten mitgaren. Kartoffeln und Birnen werden grob gestampft und mit Salz, Zucker und einem Schuß Essig – am besten Obstessig – abgeschmeckt. Statt des Essigs kann man auch ein bis zwei säuerliche Äpfel mitkochen. Zum Schluß rührt man die mit Speck gebräunten Zwiebeln unter.

Warmer Kartoffelsalat

1 kg Pellkartoffeln
20 g Öl
20 g Butter
2 EL Mehl
$^1/_2$ l Brühe
1–2 Zwiebeln
Salz, Zucker
Essig

Die Pellkartoffeln werden in Scheiben geschnitten. Öl und Butter erhitzt man in der Pfanne, läßt das Mehl darin leicht bräunen und füllt unter Rühren die Brühe auf. Schließlich gibt man die fein gewürfelten Zwiebeln dazu und schmeckt mit Salz, Zucker und Essig ab. Die Soße wird über die Kartoffeln gegossen und untergemischt. Man stellt den Kartoffelsalat solange in den leicht warmen Backofen bis die Kartoffeln warm sind.

Kartoffelpuffer

1 kg Kartoffeln
1/8 l Milch
2 Eier
30 g Mehl
Salz
Fett zum Backen
Speck, Blutwurst oder Mettwurst

Die rohen, geschälten Kartoffeln werden gerieben und in einem Leinentuch ausgepreßt. Die geriebenen Kartoffeln vermengt man mit den anderen Zutaten zu einem dickbreiigen Teig. Mit einem Eßlöffel gibt man die Masse in das heiße Fett und legt zur Krönung ein schönes Stück Speck, Blut- oder Mettwurst in die Mitte des Puffers, der nun von beiden Seiten knusprig hellbraun gebacken wird.

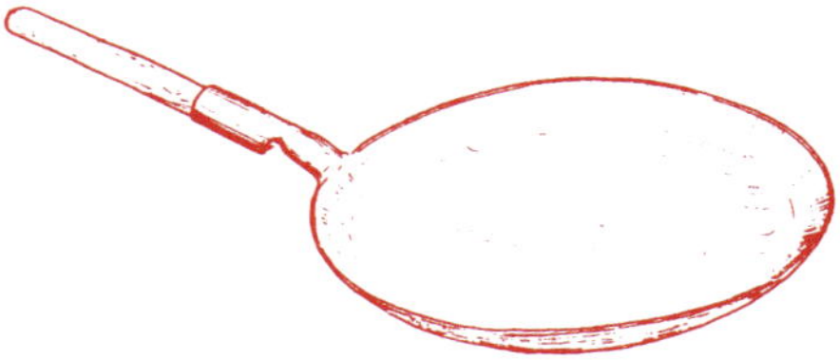

Herdecke im Haus Nr. 11 der Auguststraße in Detmold

Kartoffeln waren auch Bestandteil der bürgerlichen Küche in den lippischen Städten. Hier konnten sie allerdings abwechslungsreicher zubereitet werden. Außerdem wurden sie in der Regel nur als Beilage gereicht und bildeten nicht den einzigen Bestandteil der Mahlzeiten. Küchenzettel geben Aufschluß darüber, daß Kartoffeln auch auf den Rittergütern und am Hofe gegessen wurden. Auf Schloß Schieder wurden im Jahre 1823 beispielsweise Kartoffeln mit Senf und Butter und Bratwurst, Kartoffeln mit Butter und Petersilien und Hecht, Kartoffeln mit Mettwurst sowie Kartoffel-Klöße mit Obst und Mettwurst gereicht. Auf dem Rittergut von Donop auf Maspe wurden nach Angaben der damaligen Köchin 1869 Kartoffelklöße mit Heidelbeeren, Petersilien-Kartoffeln mit Rindfleisch oder gefüllte Kroketten von Kartoffeln gegessen. In einem Kochbuch der Familie von Kerßenbrock aus der zweiten Hälfte des 18. bis zur ersten Hälfte des 19. Jahrhunderts findet man das Rezept für eine Kartoffelspeise, das auf Seite 80 wiedergegeben wird.

Die folgenden Gerichte stammen aus dem handgeschriebenen Kochbuch der Elise Eschenburg aus Detmold, das 1845 begonnen wurde.

Gefüllte Kartoffeln

Man nimmt 20 große Kartoffeln (für ohngefähr 8 bis 10 Personen), kocht sie in Wasser halb gar, schält sie, schneidet von einer Seite ein Stückchen ab, so daß sie stehen können, und hölt sie mit einem scharfen Messer von oben aus. Dann macht man eine Farce, – nimmt 2 Eigelb und einen Löffel Butter und rührt diese tüchtig zusammen, von einigen Zwieback die Krume, eine gehackte Zwiebel, Pfeffer und Salz, und einige geriebene Kartoffeln und 2 Löffel sauren Schmand. Diese Farce füllt man mit einem Theelöffel in die Kartoffeln, rangiert sie auf eine Pfanne, streut etwas Zwiebackkrume darüber und backt sie mit Butter, bis sie hellbraun werden, im Ofen fertig. Man kann eine braune, oder eine Sardellen-Sauce dazu geben.

Kartoffeln-Pudding

Man rührt 6 Loth Butter zu Schnee, giebt dazu 8 Eidottern, 6 Loth Zucker, abgeriebene Zitronenschale, 3 Loth Mandeln worunter 12 bittere sind, auch ein wenig Salz, ¾ Pfd. geriebene, tags zuvor gekochte Kartoffeln, zuletzt den Schnee von 8 Eiern, u. läßt den Pudding 2–3 Stunden kochen.

Kartoffel-hörnchen

Man reibt 45 Gr. Butter zu Schnee, giebt ein ganzes Ei, 125 Gr. Zucker, eine Prise Salz, 250 Gr. kalte, gekochte, geriebene Kartoffeln, 250 Gr. Mehl, etwas Citronenschale od. Vanille u. ein Backpulver dazu. Von diesen Zutaten knetet man einen Teig u. teilt ihn in 2 Teile. Jeden Teil rollt man zu einer runden Platte aus, die man sternformig in 6–8 Teile schneidet. Jedes Einzekeil erhält an der Breitseite ein Häufchen Marmelade aufgelegt, wird dann aufgerollt und etwas gebogen; bei Mittelhitze auf eingefettetem Bleche leicht braun werden lassen.

Pückler Kartoffeln

Die Kartoffeln werden abgekocht und in dicke Scheiben geschnitten, dann thut man ein gut Stück Butter und fein gehackte Schalotten in eine Kasserrolle; wenn sie gelb werden, giebt man ein wenig Mehl und ziemlich viel gehackte Petersilie dazu, etwas Bouillon und Wasser oder statt derselben etwas Jus vom Braten, in Ermangelung von beidem bloß Wasser, Muskatnuß und gestoßenen Pfeffer, dann läßt man die Kartoffeln in dieser Sauce durchkochen und giebt zuletzt 1 oder 2 Eidotter mit etwas Essig gerührt dazu.

Kartoffel-fricandellen

Man legt den Abend vorher ehe man die Fricandellen machen will ungefähr 30 große Kartoffeln (für 8–10 Personen) ungeschält in kaltes Wasser. Am anderen Morgen läßt man sie gar kochen und zieht die Haut ab. Darauf reibt man sie fein. Dazu thut man 1/4 Pfd. geschmolzene Butter, 11 Loth altes geriebenes Weißbrod, 5 Eier, Muskatblüthe, Zwiebeln und Salz, rührt dies mit einander durch, formt aus der Masse Fricandellen nachdem man vorher die Hände mit etwas Mehl bestreut hat. Dann werden sie in einer Pfanne in Butter gebraten und müssen gehörig braun sein, wenn man sie anrichtet.

Anmerkung: 1 Loth sind etwa 17 Gramm.

Kartoffelkuchen

1 Pfd. geschälte tagszuvor gekochte Kartoffel reiben, 1/2 Pfd. Griesmehl, 2 Eier, Saft u. Schale einer Zitronen, 3/4 Pfd. Zucker, 1/2 Backpulver, Kürbiskerne, Schnee d. Eier. Eine Stunde in der Springform backen.

Eine Kartoffelspeise

Hierzu nimt man 1 Pfd. Kartoffeln, 1/2 Pfd. Zucker, 8 Eier, von 6 Zitronen die abgeriebene Schale, und etwas klein gestoßene Vanille. Die Kartoffeln werden gekocht, aber nicht so sehr weich, wenn sie kalt und geschält sind, werden sie auf dem Reibeisen gerieben. Das gelbe von den Eiern wird mit dem geriebenen Zucker, Zitronenschale und Vanille stark unter einander gerühret, dann werden die Kartoffeln unter beständigem Umrühren dazu gethan, das Weiße von den Eiern wird zu Schaum geschlagen, und kommt zuletzt dazu, wenn die Form im Ofen kommen soll. Die Form wird mit Butter ausgestrichen, das Eingerührte hinein gethan, und dann bei gelinden Feuer eine Stunde gebacken, der Ofen darf aber nicht eher als bis sie auf den Tisch kommen soll, aufgemacht werden, sonst fällt sie wieder. Es wird eine Wein-Sauce dazu gegeben.

Aus einem Kochbuch der Familie von Kerßenbrock (1. Hälfte 18. Jh. bis 2. Hälfte 19. Jh.)

Wild aus lippischen Wäldern

Wie wenige andere Landschaften war und ist das Lipperland mit seinen zahlreichen Hügeln und Wäldern für die Ausübung der Jagd besonders geeignet. Entsprechend zahlreich sind auf den herrschaftlichen „Tafel-Zetteln" köstlich klingende Wildgerichte zu finden: Ob Hirsch, Reh, Wildschwein, Hase oder Kaninchen, ob Rebhuhn, Wachtel, Schnepfe oder Wildente. Wie die Kartoffel auf den bäuerlichen Tisch, so gehörte ein gutes Stück Wildbret häufig auf die herrschaftliche Tafel.
Schon im Mittelalter boten die gräflich lippischen Hirschjagden Anlässe zu großen Festlichkeiten. An eine dieser Hirschjagden erinnern heute noch zwei aus dem 17. Jahrhundert stammende Steine am Fuße der Falkenburg gegenüber den Berlebecker Quellen. Hier – am sogenannten „Hirschsprung" – soll ein gehetzter Hirsch einen Todessprung von über 16 m den Abhang hinunter getan haben.
Neben der Jagd auf Rehe und Hirsche erfreute sich auch die Wildschweinjagd früher größter Beliebtheit. Schon im 15. Jahrhundert wurde der Wildschweinschinken als besonderer Leckerbissen für die herrschaftliche Küche erwähnt. Auch der Biber, aus dessen Schwanz unsere Vorfahren eine köstliche „Biberschwanzsuppe" zuzubereiten wußten, war früher in Lippe – vor allem in der Gegend um Blomberg – zu finden. In der Pfanne oder auf dem Rost gebraten wurde der Schwanz des Bibers als ganz besondere Delikatesse geschätzt.
Hase und Wildkaninchen waren früher in Lippe weniger verbreitet. Nur bei Veldrom und Salzuflen soll es größere Bestände gegeben haben. Zahlreich war hingegen in Lippe seit jeher das Flugwild vertreten. Besonders beliebt war neben Birkhuhn,

Tafel-Zettel

der Sophie Schierenberg, Köchin in den Diensten der von Donop auf Maspe, vom 3. und 5. April 1869

Tafel-Zettel für Sonnabend den 3. April 1869

1. Bouillon-Suppe
2. Kräuter-Semmeln
3. Frikassee vom Huhn
4. Spinat mit Eiern und Kalbskoteletts
5. Rehbraten mit Kompott, Obst
Leute: Suppe, saure Linsen mit Rotwurst

Tafel-Zettel für Montag, den 5. April 1869

1. Bouillon-Suppe
2. ausgebackene Sardellen
3. Morcheln mit Röstwurst
4. Rehbraten mit Kompott
5. gefüllte Eierkuchen, Obst
Leute: Reis-Suppe, Braunkohl mit Schweinefleisch

Wachtel und Auerhahn die Schnepfe, für deren Jagd eigens sogenannte „Schnepfenfluchten" in den Wald geschlagen wurden, um die Pirsch zu erleichtern. Noch im 17. Jahrhundert konnten aus dem Hiddeser Wald an einem Tag 70 bis 80 Schnepfen an die herrschaftliche Küche geliefert werden.

Recht schmackhaft zuzubereiten verstand man in Lippe auch die Wildente, die bis ins frühe 19. Jahrhundert hinein in großer Zahl am Donoperteich brütete. Am Norderteich muß der Reichtum an Wildenten in früheren Jahrhunderten ebenfalls noch weit größer als heute gewesen sein. So ist bereits im 17. Jahrhundert ein lohnender Entenfang am Teich betrieben worden. Ein „Entenfänger" wurde angestellt, der zugleich als Förster auch den Wald beaufsichtigte. Für ihn wurde eigens ein kleines Forsthaus in der Nähe des Teiches gebaut, ein Vorgänger des heutigen „Entenkruges".

Die Versorgung der fürstlichen Tafel mit Fasanen wurde durch zwei Fasanerien gesichert. Nachdem die Barenbreiter Fasanerie um 1750 eingegangen war, wurde eine andere bei Lopshorn errichtet, die Ende

Gebratener Biberschwanz

Der Schwanz des Bibers wird geschuppt, in Essig- und Salzwasser weichgekocht, mit verrührtem Ei und Reibebrot paniert und mit Butter in der Pfanne oder auf dem Rost gebraten. Mit Zitronenvierteln garniert reicht man ihn zu Tisch.

Schnepfe

Die Schnepfe wird im Frühjahr und Spätjahr geschossen. Die Spätjahrschnepfen sind vorzuziehen, da sie fetter sind. Sie werden einige Tage abgehängt, gerupft, der Kopf abgezogen, die Augen ausgestochen, ausgenommen, Kropf und Magen entfernt, die übrigen Eingeweide zu Schnepfenbrötchen verwendet. Dann werden sie gesengt, mit einem Tuch aus- und mit Salz eingerieben. Man legt den Kopf zurück, sticht mit dem Schnabel durch beide Schlegel und legt die Beine kreuzweise übereinander.

des 19. Jahrhunderts immerhin noch so reich beschickt war, daß während einzelner Hofjagden bis zu 50 Hähne erlegt werden konnten.

Bemerkenswert sind darüber hinaus zwei lippische Züchtungsversuche: Ende des vorigen Jahrhunderts wurden mehrfach Mufflons mit erheblichen Kosten aus Pleß und Antwerpen beschafft und im Heidentaler und Berlebecker Gehege ausgesetzt. Leider konnten sich die Wildschafe in den viel zu kleinen Gehegen weder vermehren noch erhalten.

Sehr gut vermehrten sich hingegen zunächst die halbwilden Schweine, die im Tiergarten bei Detmold seit 1820 aus der Paarung einer wilden Bache mit einem zahmen Eber gezogen wurden. Im Jahre 1827 war der Zuwachs an Frischlingen „gar zu stark". Da die halbwilden Sauen wieder Nachkommenschaft hatten, die „von nicht ganz echter Farbe und Gestalt ausfielen", wurden diese zuerst abgeschossen. Die kalten Winter der Jahre 1828 und 1829, in denen zahlreiche Frischlinge erfroren, machten dann aber auch diesem Züchtungsversuch ein rasches Ende. Im Jahre 1830 schoß der Landesherr die letzten acht sogenannten „Wildschweine" ab.

Der reichhaltige Wildbestand früherer Jahre wurde jedoch nicht allein durch solch merkwürdige Züchtungsversuche zu sichern gesucht. Es wurde auch manches unternommen, um das heimische Wild zu schützen. Dies ging zum Teil so weit, daß beispielsweise in den Gaststätten in Berlebeck noch Ende des 19. Jahrhunderts eine Verordnung hing, die das Singen im Teutoburger Wald verbot, alles des lieben Wildes wegen. Manche Forstdistrikte blieben gar vollständig gesperrt, so die „Hagen", d. h. „in den Wald geschlagene" Gehege. Schon um 1500 gab es einen Rehhagen bei Schieder. Andere Reviere standen abwechselnd Sommer oder Winter unter Schonung. Dank solcher Schonungen war der lippische Wildbestand noch im 19. Jahrhundert so reichhaltig, daß abends am Büchenberg bei Detmold noch Rothirsche aus dem Wald getreten sein sollen.

Die lippischen Wälder sind von jeher ein sehr beliebtes Jagdgebiet gewesen. Schon aus der Mitte des 9. Jahrhunderts wird eine mehrtägige Jagd der fränkischen Könige Lothar und Ludwig im Osning urkundlich überliefert. Die Edlen Herren zur Lippe selbst sind fast immer große Jagdliebhaber gewesen. Sie bauten sich Jagdschlösser in Oesterholz und Lopshorn und übten die Jagd in mannigfachen Formen aus. Man schlich sich auf der Pirsch einzeln an das Wild heran; man veranstaltete Treibjagden; man umstellte das Wild mit Tüchern, wobei es oft aber auch „durch die Lappen ging". Die „Lappen" wurden etwa in der Form eines Hufeisens aufgestellt. Vor der offenen Seite stand der Fürst und schoß das eingelappte Wild. Auf diese Art und Weise soll er es fertiggebracht haben, an einem Tag um ein Dutzend Hasen zu erlegen.

Der Entenkrug am Norderteich

Wie auch anderen Förstern, so machte man dem gräflichen Entengänger am Norderteich sein Amt schmackhaft, indem man ihm das Recht gab, eine Krugwirtschaft zu halten. Das war in alten Zeiten das beste Geschäft auf dem Lande. Natürlich war der Krüger in Belle böse, denn bei dem anscheinend recht geschäftstüchtigen Förster im 'Haus am Nordholze', bei dem man zu Bier und Branntwein sicher auch allezeit Entenbraten erhalten konnte, war immer Betrieb. Er tat dem Kruge in Belle großen Abbruch. Das bisher in Belle exerzierte Bier- und Branntewein-Sellen ist ganz eingegangen, und die Leute haben sich an diesen neuen Krug gezogen, beschwerte sich 1685 der Beller Krugwirt.

Kein Wunder, daß der Forstkrug im Volksmunde bald der Entenkrug hieß und daß dieser Name dann auch in den Amtsgebrauch überging.

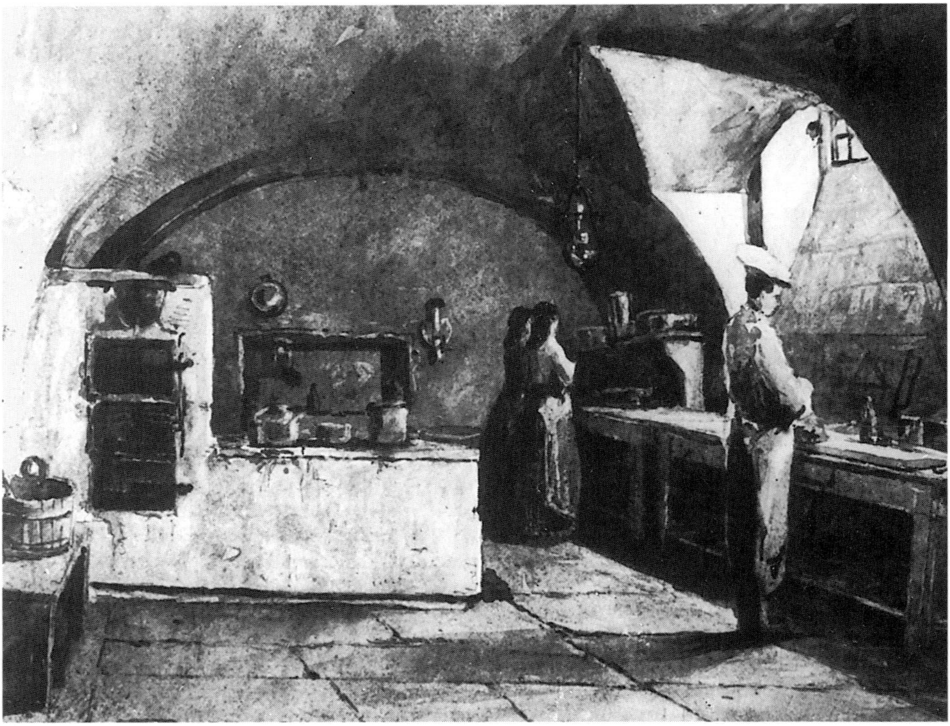

Die Küche im Jagdschloß Lopshorn. Aquarell eines unbekannten Malers

Gerne ging man auch mit Falken auf die Reiberbeize. Die Namen Falkenburg, Falkenkrug, Falkenhagen oder Falkemeier erinnern noch daran. In den 50er Jahren des vorigen Jahrhunderts kam der Herzog Adolf von Nassau nach Lippspringe, unterhielt dort einen Marstall und eine Meute von Hunden. Gemeinsam mit den lippischen und westfälischen Adligen ging es dann zu Pferde, die Hunde voran, auf die Parforcejagd in die Lippische Senne.

Die sogenannte hohe Jagd, d. h. die auf Schwarz- und Rotwild, stand von jeher ausschließlich dem Landesherrn zu. Mitunter waren auch andere, vor allem Besitzer großer Güter, im Besitz von Jagden. Außer dem Grundherrn besaßen Jagdrechte gelegentlich noch einzelne Hofräte und Pfarrer, die Amtsmeier und größeren Meier und die jeweiligen Inhaber des Gutes Braunenbruch. Die Untertanen selbst, d. h. die Bürger und Bauern, waren nicht nur von der Jagd ausgeschlossen, sondern hatten oft stark unter ihr zu leiden.

Die größten Lasten des herrschaftlichen Jagdvergnügens hatten die Bauern zu tragen. Sie mußten sich ihre Äcker von Sauen, Hirschen und wilden Sennepferden verwüsten lassen, ohne das geringste Recht zu haben, sich zu wehren, es sei denn durch die Anlage von lose aufgerichteten Mauern.

Erst ab der zweiten Hälfte des 19. Jahrhunderts brachten die Wildgatter den Bauern etwas mehr Ruhe. In den Jahren 1882/1883 ließ Fürst Woldemar gar den halben Teutoburger Wald, von den Externsteinen her bei Holzhausen, Fromhausen, Berlebeck, Heiligenkirchen, Hiddesen, Pivitsheide, Dörenschlucht, Augustdorf vorbei nach Kreuzkrug oberhalb Kohlstädt her bis zu den Externsteinen durch ein Gatter einzäunen.

Wildwächter

Wildwächter müssen die Unterthanen überall, wo sie nöthig sind, und in zureichender Zahl halten. Ihnen ist erlaubt, das Wild mit allen Werkzeugen, womit dasselbe nicht verletzt wird, zu verscheuchen.

Vor der Anlage von Wildgattern waren in einigen Forstämtern Feldhüter zum Schutze gegen das Wild eingestellt. Neben den Wildschäden litten die Bauern auch noch unter den Jagddiensten, vor allem der Pflicht zum persönlichen Erscheinen bei großen Hetzjagden. Erst im Jahre 1832 wurden die Jagddienste in Lippe aufgehoben.

Bei dieser Sachlage ist es begreiflich, daß die Bauern keineswegs abgeneigt waren, von Zeit zu Zeit ein Stück Wild, das sich auf ihren Grund und Boden verirrt hatte, zu erlegen, auch ohne das Recht dazu zu haben. Um solche unerwünschten Jagdzüge der Bauern in Grenzen zu halten, waren auf Wilddieberei strenge Strafen gelegt. Um der Bestrafung durch die Behörden zu entgehen, entwickelten die Lipper vor allem in der Weiterverarbeitung ihrer Beute einige Phantasie. So fand beispielsweise manches Stück unrechtmäßig geschossenen Wildes seinen Weg in die Wurst: die echte lippische „Jagd"-wurst war erfunden.

Fürst Leopold (links) mit einem erlegten Hirsch

Daß die Jagd auch in den Feldern, Wiesen, Weiden und Privatgehölzen anderen als den Grundeigentümern gehörte, wurde im Laufe des 19. Jahrhunderts jedoch nur noch mit Unwillen ertragen. Eine Änderung trat endlich 1848 ein, als die Frankfurter Nationalversammlung die „Grundrechte des Deutschen Volkes" festlegte und Fürst Leopold den Gemeinden und Grundeigentümern daraufhin das Jagdrecht einräumen mußte. Schon im Jahre 1851 jedoch nahm der Fürst dieses Gesetz

Verordnung wegen der Wild-Diebereien, von 1737.

Wir von Gottes Gnaden Wilhelmine, verwitwete Fürstin und Edle Frau zur Lippe, Vormünderin und Regentin, geborne Fürstin zu Nassau, Gräfin zu Saarbrükken und Saarwerden, Souveraine Frau von Vianen und Ameiden, Erb-Burggräfin zu Uetrecht, Frau zu Lahr, Wisbaden und Idstein rc. Fügen jedermänniglich gnädigst zu wissen, nachdem Wir höchstmisfällig vernehmen müssen, wasgestalt denen vorhin ergangenen ernstlichen Edicten zuwider, eine Zeithero sich die Wilddieberei in Unsrer Wildbahn von neuem sehr geäusert, so daß mehrentheils von Fremden, theils auch Einheimischen, durch vorsezliche Wilddieberei Unsrer Wildbahn ein merklich großer Schade zugefüget wird, um aber endlich denen vielfältigen Wilddiebereien zu steuren, und den gänzlichen Ruin Unsrer Wildbahn vorzubeugen; So haben Wir hierdurch nochmalen männiglichen gnädigst ernstlich warnen wollen, sich dessen nicht nur gänzlich zu enthalten, und sich dergleichen unerlaubten Unternehmens nicht theilhaftig zu machen, sondern auch die auf dergleichen verbothene Wilddieberei ausgehende verdächtige Personen nicht zu beherbergen, noch ihnen einigen Vorschub zu thun, so lieb einem jeden seyn mag, Unsere Ungnade, und nach Befinden unausbleibliche schwere Leibesstrafe zu vermeiden; wie Wir dann zugleich Unsern Förstern, Jägern und sämtlichen Unterthanen hiermit befehlen, darauf fleißige Acht zu haben, und fals sich ein oder mehrere

Sssss 3 auf

878 CXLVIII. Verordn. wegen der Wilddiebereien, von 1737.

auf dergleichen Wilddieberei betreten lassen, den oder dieselbe handfest zu machen, und zur gebührenden Bestrafung anhero zu liefern, für welche jede Person ihnen 12 Rthl. bezahlt werden sollen. Wann aber ein oder ander von solchen Wilddieben mit dem Gewehr in Unsrer Wildbahn betreten, und auf geschehenes wiederholtes Anrufen, nicht stehen, und seines Unternehmens Rede und Antwort geben, sondern mit der Flucht sich salviren wolte, auch sonsten keine Hülfe zur Hand, sich dessen zu versichern, sollen Unsere Förster und Jäger, auch die, welchen die Aufsicht desfals anvertrauet, befugt seyn, darauf zu schießen. Dieses ist Unser ernstlich-gnädiger Befehl. Wornach sich ein jeder zu richten und für Schaden zu hüten wissen wird. Gegeben auf Unsrer Residenz Detmold den 30 May 1737.

Bürgerliche Jagdgesellschaft vor dem Ellernkrug

einseitig ohne Mitwirkung des Landtages wieder zurück. Alle Proteste dagegen von seiten der Bauern, auf deren Äckern sich das Wild ernährte, blieben Jahre hindurch erfolglos. Erst 1870/71 besannen sich die Bauern darauf, daß die Aufhebung des Jagdrechtes durch einseitige fürstliche Verordnung wohl ungültig sei. Als auch die um ein Gutachten angegangenen Universitäten Berlin und Heidelberg dieser Auffassung recht gaben, kam es zu einem Wendepunkt in der lippischen Jagdgeschichte. Die Jagdberechtigten wollten ihr vermeintliches Recht nicht fahren lassen, und die Grundbesitzer schlossen sich zusammen und übten die Jagd auf ihren Grundstücken selber aus. So kam es schon bald zu Zusammenstößen, die ihren tragikomischen Höhepunkt in der Belagerung des Ellernkruges fanden.

Am 25. September 1871 trafen sich die Bauern aus der Gegend zwischen Lage und Detmold, um die ihnen vom Fürsten zu Unrecht vorenthaltene Jagd endlich auf eigene Faust auszuüben. In der Residenz, vor allem in Regierungs- und Hofkreisen, nahm man die Nachricht von dieser unglaublichen Rebellion mit Fassungslosigkeit und Empörung auf. Von den in ihrem vermeintlichen Recht verletzten Hofkreisen wurde sogleich militärische Hilfe erbeten. Und der damalige Kabinettsminister ging wirklich darauf ein und ließ eine Kompanie Soldaten in Richtung Ellernkrug marschieren mit dem Befehl, notfalls mit Waffengewalt gegen die Bauernjäger vorzugehen. Diese hatten sich inzwischen in den Ellernkrug zurückgezogen. Nachdem die Soldaten das Wirtshaus unter Beachtung aller strategischen Vorsichtsmaßregeln umzingelt hatten, begaben sich die Führer des Kommandos in die Höhle der Bauernjäger, um die Gewehre als Beweisstücke sicherzustellen. Als der Wirt

Sültemeier die geforderte Herausgabe der Gewehre verweigerte und der Hauptmann mit Haussuchung drohte, fragte Sültemeier kaltblütig, ob denn der Herr Hauptmann im Besitz des notwendigen polizeilichen Haussuchungsbefehls sei.

Karrikatur aus dem Kladderadatsch, 1871

Da dieser jedoch fehlte, mußte der Hauptmann zunächst eine Ordonanz nach Lage schicken, um von dem zuständigen Amtmann das fehlende Papier zu beschaffen. Als nun aber der dortige Beamte die Erteilung des Haussuchungsbefehls verweigerte, war der Höhepunkt der Peinlichkeiten erreicht. Unter dem Hohngelächter vieler Detmolder Bürger, die sich inzwischen am Ellernkrug versammelt hatten, mußten die Soldaten die „Belagerung des Ellernkruges" wieder aufheben und unverrichteter Dinge nach Detmold zurückmarschieren. Die siegreichen Bauernjäger begleiteten den militärischen Rückzug mit Einzelschüssen und Salvenfeuer aus ihren Jagdgewehren. Die mutigen Männer haben sich dann als Sieger im Kampfe vor dem Ellernkrug photographieren lassen.

Dieses Ereignis erregte seinerzeit weit über Lippe hinaus großes Aufsehen, viele Witzblätter und sogar der Berliner „Kladderadatsch" nahmen sich des Themas an. Leider ist nicht überliefert worden, wie die siegreichen Bauern ihre frisch erjagten Hasen im Ellernkrug zubereiten ließen. Vielleicht nach folgendem, in Lippe verbreitetem Rezept.

Der hasz im pfeffer

Hasenkeule nach Lagenser Art

2 Hasenkeulen
60 g Räucherspeck
40 g Butter
6 zerdrückte Wacholderbeeren
2 Lorbeerblätter
einige Nelken
Senf

Die Hasenkeulen werden gehäutet. Die Hälfte des Specks wird in dünne Streifen, der restliche Speck in Scheiben geschnitten. Die Keulen werden gespickt, mit Senf bestrichen und in eine gefettete Form gelegt. Heutzutage nimmt man am besten ein größeres Stück Alufolie.
Die zerlassene Butter, die Wacholderbeeren, Lorbeerblätter und Nelken werden darüber verteilt und die Speckscheiben daraufgelegt. Die Keulen werden locker eingewickelt, auf das Backblech gelegt und im Backofen bei starker Hitze ca. 50 Minuten gegart. Dazu wird in der Regel Wacholdersauce gereicht.

Ein echter Lipper läßt natürlich auch das Hasenklein nicht verkommen, sondern weiß daraus ein leckeres „Hasenpfeffer“ zuzubereiten. Der Name „Hase im Pfeffer“ stammt übrigens aus dem Anfang des 18. Jahrhunderts. Damals soll es Gastwirte gegeben haben, die auch mit ihrem bereits verdorbenen Wildbret ihren Gästen noch eine Gaumenfreude bereiten wollten. Um den möglicherweise etwas strengen Geschmack oder Geruch zu überdecken, pflegten sie derartige Gerichte stark zu pfeffern. So etwas hat es natürlich in Lippe nicht gegeben.

Veldromer Hasenpfeffer

1 Hasenklein
75 g Speck
2 Zwiebeln
50 g Weizenmehl
½ l Wasser
etwas Zitronensaft
Schuß Rotwein
Salz, Pfeffer
Zucker

Das Hasenklein wird gewaschen, klein geschnitten und mit den in Würfel geschnittenen Zwiebeln in ausgelassenem Speck angebraten. Das Mehl wird darüber gestreut und angebräunt. Dann wird mit Wasser aufgefüllt, Salz und Pfeffer hinzugegeben und das Ganze kurz zum Kochen gebracht. Danach läßt man das Fleisch eine gute Stunde bei schwacher Hitze in zugedecktem Topf weich schmoren Die Soße wird vor dem Anrichten mit Zucker Zitronensaft und etwas Rotwein abgeschmeckt. Sie soll pikant süßsauer schmecken. Der Lipper reicht zum Hasenpfeffer Kartoffelbrei. Das Hasenklein wird noch zarter, wenn es vor dem Schmoren einige Tage in Buttermilch eingelegt wird.

Sehr empfehlenswert ist auch folgendes Hasenpastetenrezept aus dem handgeschriebenen Kochbuch der Elise Eschenburg aus Detmold von 1845:

Lippische Hasenpastete

Pastete:

Das zarte Fleisch eines oder zweier Hasen wird in zierliche Scheiben geschnitten, mit Salz und Pfeffer und einer Prise fein zermahlener Wacholderbeeren überstreut. 100 g feingeschnittene Champignons, ein bis zwei gut gewürzte, zerschnittene Trüffel, einige feingehackte Chalotten, die immer feiner als Zwiebeln wirken, nebst Petersilie werden in genügender Butter mit dem Fleisch 15 Minuten durchgedünstet und dann zur Seite gestellt.

Auch die Fleischabfälle lassen sich gut verwerten. Man treibt sie mit einem halben Pfund Kalbfleisch durch die Maschine zu möglichster Feinheit, ebenso einen gleichen Teil Speck, mischt beides unter Zugabe von Salz und Pfeffer zu unaufdringlichem Geschmack und rührt die Masse recht flaumig.

Ist die Pastetenform mit dem Teig ausgelegt, so wird dieser mit einer fingerdicken Lage der Farce überzogen, um dann abwechselnd mit dem Fleisch und der gewürzten Farce ausgefüllt zu werde. Dann belegt man die Oberfläche mit einer Schicht weißen Speck, auf den man noch etwas Gewürzpulver gibt, und macht den Schluß mit dem Deckel, der fest angedrückt wird. In guter, nicht übertriebener Hitze wird die Pastete dann in 1½ Stunden gar gebacken. Inzwischen hat man aus den Knochen und Sehnen durch starke Einkochung einen kräftigen Sud hergestellt, der mit der Sauce, in der das Fleisch lag, verbunden wird; dann wird er durch eine kleine Öffnung, die man vorher in den Deckel gemacht, zum Teil in die Pastete gegeben und zum Teil extra als Sauce gegeben.

Pastetenteig:

Zu dem Zweck reicht nur 2 Pfund gesiebtes Mehl mit 200 g kalter Butter, setzt es zu einem Haufen, in dessen Mitte eine Vertiefung gebildet wird, und gibt sechs mit etwas Salz verquirlte Eier hinein. Mit einem schmalen Holzlöffel mischt man das Mehl in die Massen unter allmählicher Zugabe von einem Drittel kochenden Wassers. Es muß daraus ein Teig entstehen, der trotz der Geschmeidigkeit stehen bleibt, wenn man ihn in die Höhe zieht. Wenn er fertig ist, bestäubt man ihn mit Mehl und stellt ihn bis zum Gebrauch kalt.

Kaninchenbraten

1 Kaninchen
50 g Butter
150 g Speckscheiben
¼ l Wasser
⅛ l saure Sahne
Salz

Das Kaninchen wird gewaschen, von allem Fett befreit, mit Salz eingerieben und mit Fett bestrichen. Die Keulen und Läufe werden auf Speckscheiben in eine mit Wasser ausgespülte Rostbratpfanne gelegt, mit Speckscheiben bedeckt und in den auf ca. 220 °C vorgeheizten Backofen geschoben.
Sobald der Bratensatz bräunt, wird etwas Wasser dazugegossen. Nach etwa 15 Minuten wird der Rücken dazugelegt. 10 Minuten vor Beendigung der Bratzeit (ca. 1 bis 1½ Stunden) wird das Kaninchen mit der Sahne übergossen.

Von einem Caninchen.

An ganz besonderen Festtagen, an denen etwa ein Dutzend Personen zusammenkommen, kaufen die lippische Hausfrau oder der lippische Hausmann auch schon mal einen ganzen Schlegel oder Rücken und bereiten ihn dann auf folgende Art zu:

Wildschweinbraten mit Wacholderbeeren

1 Schlegel oder Rücken
½ l Fleischbrühe
½ l Rotwein
2 Möhren
3 Zwiebeln
½ Sellerie
½ Lauch
8 Wacholderbeeren
2 Nelken
2 Lorbeerblätter
1 Zitronenscheibe
Madeirasauce
Salz
Pfeffer

Der Schlegel oder Rücken wird abgebürstet, die Schwarte entfernt und mit Salz und Pfeffer eingerieben. Möhren, Zwiebeln, Sellerie, Lauch, Wacholderbeeren, Nelken, Lorbeerblätter und Zitronenscheibe bringt man in Fleischbrühe und Rotwein zum Kochen, gibt dann das Fleisch zu und läßt es zugedeckt etwa 3 Stunden dämpfen. Dann stellt man den Braten in den Backofen und übergießt öfter mit der Madeirasoße, damit der Braten eine schöne Farbe bekommt.
Die Soße wird geseibt und entfettet. Das Fleisch wird schließlich in feine Scheiben aufgeschnitten, mit Soße übergossen und mit Kartoffeln serviert.

Teutoburger Wildschweinbraten

$1\frac{1}{2}$ kg Wildschweinfleisch (Rücken)
$\frac{1}{4}$ l heißes Wasser
$\frac{1}{4}$ l Rotwein
2 Zwiebeln
2 EL Johannisbeergelee
2 EL saure Sahne
60 g Butter
etwas Salz

Das Fleisch wird gewaschen, abgetrocknet und mit Salz eingerieben. Das Fett wird eingeschnitten, das Fleisch mit dem Fett nach oben in die eingefettete, mit Wasser ausgespülte Rostbratpfanne gelegt und in den auf ca. 200 °C vorgeheizten Backofen geschoben. Sobald der Bratensatz bräunt, wird etwas heißes Wasser und etwas Rotwein zugegossen. Die in Viertel geschnittenen Zwiebeln werden 15 Minuten vor Beendigung der Bratzeit zugegeben. Nach Belieben kann die Soße mit etwas Mehl gebunden werden. Der restliche Rotwein und das Johannisbeergelee werden mit etwas saurer Sahne in die Soße gerührt, aufgekocht und mit Salz und Pfeffer abgeschmeckt. Bratzeit ca. 2 Stunden.

Gefüllte Hirschbrust

1 enthäutete Hirschbrust

Zur Beize:
5 zerdrückte Wacholderbeeren
einige Pfefferkörner
3 Zitronenscheiben
$\frac{1}{2}$ l Essig
$\frac{1}{4}$ l Wasser

Zur Fülle:
4 Brötchen
2 EL gehackte Petersilie
1 kleingehackte Zwiebel
2 Eier
Salz
Pfeffer
Muskatnuß

Zum Braten:
60 g Fett
6 Speckscheiben
10 eingelegte Pflaumen
1 Glas Rotwein
1 EL Mondamin
$\frac{1}{8}$ l saure Sahne
Ingwerpulver
Zitronensaft

Die Hirschbrust wird in der Beize drei bis vier Tage mariniert. Danach wird vorsichtig das Fleisch mit dem Rippenfell von den Rippen gelöst und zwischen Haut und Fleisch eingeschnitten, so daß eine Tasche entsteht. Zur Fülle vermischt man die eingeweichten, ausgedrückten Brötchen mit Petersilie, Zwiebeln, Ei und Gewürzen. Die Mischung füllt man in die Tasche, näht diese zu und brät die Brust mit Speckscheiben bedeckt zusammen mit den ausgelösten Knochen im heißen Fett an. Man löscht mit der Beize ab und läßt 1½ bis 2 Stunden garen. Die Pflaumen werden mit Rotwein übergossen. Dann läßt man das Ganze durchziehen. Das Mondamin wird mit der Sahne angerührt, die Soße damit gebunden, mit Ingwerpulver, Zitronensaft, Salz und Pfeffer würzig abgeschmeckt. Zum Schluß werden die Pflaumen darin angerichtet.

Berlebecker Hirschbraten

1½–2 kg Bug oder Schlegel, gut abgehangen
150 g Speck
100 g Butter
1 Zwiebel
1 Möhre
¼ l saure Sahne
Fleischbrühe
Senf
Salz, Pfeffer

Das Fleisch wird gehäutet, gespickt und mit Senf bestrichen. An kühlem Ort lagert man es so zwei Tage. In heißer Butter dünstet man die in Scheiben geschnittene Zwiebel und die gewürfelte Möhre an, bestreut das Fleisch mit Salz und Pfeffer und brät es von beiden Seiten an. Während des Bratens (ca. 2–2½ Stunden) ist das Fleisch öfter zu begießen. Kurze Zeit vor dem Garwerden gießt man die Sahne über das Fleisch, läßt etwas bräunen, nimmt den Braten heraus, schmeckt die Soße ab und passiert sie durch.
Nach Belieben kann die Soße mit einem Schuß Wein verfeinert werden.

Rehrücken mit Äpfeln

1 Rehrücken (für ca. 6 Personen)
80 g Speck
100 g Butter
1/4 l saurer Rahm
1/4 Zitrone
12 kleinere, etwa gleich große Äpfel
1/4 l Weißwein
500 g Preisselbeeren
3 EL Weinbrand
4 EL Wein
Trüffel
Salz, Pfeffer
Saft

Der vorgerichtete Rehrücken wird abwechselnd mit Speck und Trüffelstreifen gespickt, gebraten und aufgeschnitten. In die geseihte Soße gibt man den Weinbrand, Wein und Zitronensaft. Die Äpfel werden geschält, ein kleiner Deckel abgeschnitten, ausgehölt, mit dem Wein weichgedämpft und mit den Preisselbeeren gefüllt. Der Braten wird auf eine größere Platte gesetzt, die Äpfel außen herum angerichtet.
Die Soße kann man nach Belieben mit 50 g Butter und 3 Eßlöffel Fleischgelee aufschlagen, den Braten und die Äpfel damit übergießen.

Auch wenn die Wildenten am Donoper- und Norderteich heute seltener geworden sind, gehört eine gut zubereitete Wildente immer noch zu den beliebten Festtagsgerichten.

Lippische Wildente mit weißen Rüben

1 Wildente
70 g Butter
6 kleine Zwiebeln
6 Gewürznelken
1 Glas Weißwein (trocken)
3/4 l heißes Wasser
2 EL Mehl
3 EL süße Sahne
750 g weiße Rüben
Fleischbrühe
Salz
Zucker

Die sauber hergerichtete Wildente wird in Stücke geteilt, mit der Hälfte der Butter, den Zwiebeln, in die je eine Gewürznelke gesteckt wurde, einer Prise Salz und etwa 3/4 l Wasser weichgedämpft.
In der restlichen Butter werden 2 Eßlöffel Mehl angebräunt. Anschließend wird mit einem Glas Weißwein aufgegossen, mit einer Prise Zucker gesüßt und das Ganze unter Umrühren zur Entenbrühe gegossen.
Man läßt alles noch einmal aufkochen, nimmt die Ente heraus und stellt sie bis zum Gebrauch warm. Unterdessen hat man die weißen Rüben geputzt, in zierliche Streifen geschnitten, mit kochendem Wasser überbrüht und mit kaltem überspült. In etwas Fleischbrühe, Zucker, Butter und ganz wenig Salz

läßt man sie weichdämpfen, gibt dann noch 3 Eßlöffel süße Sahne dazu und gibt zuletzt etwas Entensoße durch ein Sieb darüber. In die übrige durchgeschlagene Soße legt man die zerteilte Ente und serviert beides mit gebratenen Kartoffeln recht heiß.

Es versteht sich von selbst, daß die sparsamen lippischen Hausfrauen und -männer aus so etwas Gutem wie Entenresten am nächsten Tag ein neues köstliches Gericht zuzubereiten wissen:

Entenreste, geschmort mit Wirsing

600 g Entenfleisch
750 g Wirsing
150 g geräucherte Speckscheiben
Fleischbrühe
Pfefferkörner
Speisestärke
Salz
Pfeffer

Der Wirsing wird geputzt, vom Strunk befreit, grob geschnitten und mit Speckscheiben und einigen Pfefferkörnern in eine feuerfeste Form geschichtet, mit Fleischbrühe übergossen und zugedeckt fast gar gekocht.
Dann wird der Wirsing mit etwa 600 g gebratenem Entenfleisch belegt und 15 Minuten gedämpft. Mit angerührter Speisestärke wird der Kohl angedickt, aufgekocht und mit Salz und Pfeffer abgeschmeckt.

Fasan mit Linsen

1 Fasan
250 g Linsen
1 Stück Zitronenschale
2 Möhren
2 Stangen Lauch
100 g Speck
$^{1}/_{2}$ TL Salbei
2 El Öl
$^{1}/_{8}$ l saure Sahne
Salz
Pfeffer

Die über Nacht eingeweichten Linsen werden zusammen mit der Zitronenschale in 2 Liter Einweichwasser 30 Minuten gekocht. Der vorbereitete Fasan wird in 8 Stücke zerteilt, die man kräftig mit Salz, Pfeffer und Salbei würzt.
Der gewürfelte Speck wird glasig angebraten, das Öl hinzugefügt und die Fasanenstücke darin angebraten. Dann kommen die in Scheiben geschnittenen Möhren, der Lauch und die Linsen mit dem Kochwasser dazu. Unter gelegentlichem Umrühren läßt man alles ca. 45 Minuten fertiggaren. Vor dem Servieren wird die saure Sahne hineingerührt.

Lippische Fischküche

In viel stärkerem Maße als heute bildete in früheren Jahrhunderten der Fisch ein wichtiges Nahrungsmittel der lippischen Bevölkerung. Vor allem im Mittelalter trugen die Fischfänge aus der heimischen Fluß- und Teichwirtschaft erheblich zur Ernährung durch Fleisch bei.

Fischdiebstähle und andere Vergehen gegen die Fischereigesetze waren früher an der Tagesordnung. Nach der Fischereiverordnung vom 12. Mai 1724 stand dem Landesherrn das Fischereirecht über alle offenen Bachläufe zu. Durch das Fischereigesetz vom 10. April 1931 gingen die Rechte auf das Land Lippe über. Durch dasselbe Gesetz wurden auch die zahlreichen Privatberechtigungen geregelt, die früher an Rittergüter, größere Meierhöfe und Pfarreien – z.B. in Schötmar, Lage und Bega – verliehen waren.

Im Gegensatz zum benachbarten Preußen, in dem es jedem Anwohner eines fließenden Gewässers gestattet war, bis in die Mitte des Flußbettes bei seinem Grundstück zu fischen, ging das Grundeigentum des lippischen Anrainers also nur bis zur Wasserlinie. Keine Frage, daß die lippischen Uferbesitzer sich immer wieder energisch um die Abschaffung des staatlichen Fischereiregals bemühten. Als entsprechende Eingaben immer wieder scheiterten, verfielen sie schließlich auf eine pfiffige Idee: Sie warfen öffentlich die Frage auf, ob der Fischereiberechtigte denn auch die Ufer an den Flüssen zur Ausübung der Jagd betreten dürfe. In einer Unterschriftenliste, die die lippischen Uferbesitzer im Jahre 1904 der fürstlichen Regierung einreichten, heißt es: „Wir erblicken in der Uferbetretungsbefugnis der Fischereiberechtigten einen Eingriff in unsere Eigentumsrechte, nachdem uns die Grundstücke bis an die Bachläufe zugeschrieben sind. Wir würden es als eine persönliche, uns angetane Schmach ansehen, wenn fremde Leute das Recht haben sollen, die Früchte unseres Fleißes und erheblicher Unkosten ohne Pachtentschädigung niederzutreten.“ Der lippische Volksmund drückte denselben Sachverhalt etwas weniger pathetisch, dafür aber um so treffender aus: „Die Fische gehören in die Werre und die Fischer auch. Wenn sie fischen wollen, können sie in der Werre bleiben; betreten sie die Ufer, so werfen wir sie einfach wieder ins Wasser.“ Trotz

Senneteiche

Am 21. Februar 1406 bescheinigten die Gebrüder Trophagen, daß Graf Simon III. zur Lippe Ihnen 8 Teiche in der Senne bei Ostlangen (Schlangen), 2 Hellwegsteiche, 2 Springteiche, 2 Hagensteiche, den Hagenbokenteich und langen Damm, auf 5 Jahre für 8 Viertel Wein und den beiden besten Hechte, Bleihen, Barsche und Schleihen aus jedem Teich verpachtet hab, wozu dann später auch noch der Lutterteich kam, für den aber 9 Viertel Wein und die entsprechenden Fische entrichtet werden mußten.

dieser schlagenden Argumente wies die fürstliche Regierung den Antrag der Uferbesitzer zurück, da sie mit bewundernswerter Klarsicht erkannt hatte, daß ohne Betreten der Ufer das Fischereirecht illusorisch sei, da es nicht ausgeübt werden könne.

Größere Seen und Flüsse gibt es in Lippe nicht, wenn man davon absieht, daß die Weser auf einer Länge von etwa 10 Kilometern die Grenze Lippes im Norden bildet. Mit Werre und Bega, die sich bekanntlich in Bad Salzuflen vereinigen und bereits einige Kilometer hinter ihrem Zusammenfluß Lippe wieder verlassen, sind bereits die beiden größten Flüsse Lippes genannt. Dafür aber wird das Land von einem dichten Netz kleinerer und größerer Bäche in einer Gesamtlänge von immerhin ungefähr 450 Kilometern durchzogen. Außer Barschen, Hechten, Aalen und Aeschen war früher in allen lippischen Bachläufen – außer der Emmer – die Bachforelle der Hauptfisch. Namentlich die Kalle, die Exter, die Salze und Ilse und die Oberläufe der Bega und Werre mit

ihren Zuflüssen waren äußerst forellenreich. In der unteren Bega waren aber auch Barben und Kühlinge (Döbel) heimisch, die bis zu sechs Pfund schwer gefangen worden sein sollen. In der Werre gab es auch die weniger beliebten Weißfische und Grimpen.

Der Lachs, den man früher in vielen Bächen im Norden Lippes häufig finden konnte, ist hier mit den Jahren leider gänzlich verschwunden. Die großen Staustufen an der Unterweser wurden für ihn unüberwindbar, und die zunehmende Verschmutzung der Flüsse trug wesentlich dazu bei, daß sich der Lachs andere Laichplätze suchte. Aber noch in den dreißiger Jahren unseres Jahrhunderts stieg er zur Laichzeit aus der Weser vor allem in der Kalle auf und konnte dort von den Anwohnern mit der Elger, einer fünfzinkigen Lachsgabel mit Widerhaken, leicht gefangen werden. Ob es sich wohl um ein Stück Anglerlatein handelt, wenn alte lippische Fischer von gefangenen Lachsen von über dreißig Pfund Gewicht berichten?

Mit der Angel als Fanggerät sollen die Lipper erst in der Zeit zwischen 1731 und 1777, als die Grafschaft Sternberg an Hannover verpfändet war, durch die nach dort versetzten und die Sportfischerei liebenden hannoverschen Beamten bekannt geworden sein. Es wird berichtet, daß der Archivrat Ludwig Knoch in Detmold, der ein Fischereigerechtsame über den nach ihm benannten Knochenbach besaß, als einer der ersten in Lippe eine derartige englische Angel besaß.

Anderen „Weiterentwicklungen" auf dem Gebiet der Angeltechnik standen die Lipper eher ablehnend gegenüber. Sehr skeptisch klingen zum Beispiel die Bemerkun-

Als der Lachs noch kam

Bei uns jungen Leuten im unteren Kalletal wurde die Laichzeit (November–Dezember) mit großer Spannung erwartet. Jagd- und Fangfieber ließen die Herzen höher schlagen und machten schon die Vorbereitungen zu einer wahren Freude. Wesentliche Arbeiten ließ der Fangrechtinhaber, der Besitzer der Niedernmühle, treffen: Die Kallemündung an der Weser wurde tief ausgeschlagen, damit sich die starke Wasserschüttung bis weit in die Weser auswirkte und die Lachse gewissermaßen zum Abbiegen einlud. Weiter kalleaufwärts wurden beidseitig Pfähle eingeschlagen, an denen man die Fangnetze befestigte, und schließlich hieß es, den Lachsgraben im Mühlenpark vorzubereiten. Hier wurden die gefangenen Lachse bis zu ihrer Verwertung in der Küche gehalten. Zuvor aber wurde sorgsam vom Fischmeister der Laich abgestreift, „artgerecht“ befruchtet in das Bachbett gegeben. So blieb die Nachzucht immer gewährleistet.

Trotz aller guten Vorkehrungen durch den Fangberechtigten fanden dennoch viele Lachse über die Mühle hinaus den Weg weiter aufwärts. Die Netze lagen nicht immer dicht dem Bachbett bzw. dem Ufer an. Ob sie bisweilen nach dem Ausspannen von anderer Hand gelockert waren, ließ sich nie recht feststellen. Von den nebenberuflichen Petrijüngern des Ortes war nichts zu erfahren, obwohl sie beste Sachkenntnis hatten, gute Fanggeräte besaßen, waren sie überall und nirgends anzutreffen. Beim Schreiben dieser Zeilen wurde sogar eine prächtige, noch jederzeit verwendbare „Elger“, eine 5zinkige Lachsgabel mit Widerhaken, auf den Tisch gelegt, eine bestaunenswerte Harpune! Der Eigner dieses Museumsstücks vergaß nie das unfreiwillige Bad, das er im Kampf mit einem über 20pfündigen Lachs in der Kalle nahm. Erst als es dem Petrijünger gelang, den Lachs am Elger aus dem feuchten Element zu hieven, so daß sich die „Schrauben“ nur noch in der Luft bewegen konnten, war ein beklommenes „Petriheil“ als Stoßseufzer zu hören und wohl auch angebracht. So blieben viele lustige Erinnerungen an die Lachszeit der 30er Jahre; z.B. wie man den Fang geheimnisvoll nach Hause schaffte, wie man ihn noch Tage in großen mit Wasser gefüllten Futtertrögen hielt, wie die Mutter die Fische oft nicht haben wollte und schalt, oder wie Nachbarn und Freunde an dem Segen teilhaben durften. Fotos gefangener Prachtexemplare von 1,20 m Länge und über 30 Pfund Gewicht zeugen noch von dem abenteuerlichen Geschäft jener Zeit.

Albrecht Kampmeier
aus: Heimatland Lippe 1986

gen eines lippischen Fischers über die Angelkünste der Zigeuner: „Die Zigeuner halten die Fische für Freunde der Musik und blasen dieserhalb beim Angeln nach besten Kräften auf der Klarinette oder Trompete, um sie dadurch in ihr Angelreich zu ziehen, wodurch man denn freilich zugleich zu der Annahme berechtigt wird, daß sie den Fischen andere Gehörorgane als den Menschen zuschreiben, indem bei diesen solch unharmonische Töne gerade die entgegengesetzte Wirkung hervorzubringen scheinen.“

In manchen Bächen gab es zu Beginn des 20. Jahrhunderts auch noch Stein- und Edelkrebse, die sich, nachdem man sie gesotten hatte, meist auf den Tafeln des Hofstaates wiederfanden. Erst als die Stein- und Edelkrebse sich durch Krebspest, Wassereinleitungen, Diebstahl und schonungslose Raubfischerei bedrohlich verringert hatten, begann der lippische Fischereiverein 1905 damit, schwedische Zuchtkrebse in einigen geeigneten Bächen einzusetzen.

Das Problem der zunehmenden Verschmutzung der Flüsse ist in Lippe schon relativ früh erkannt worden. So heißt es zum Beispiel im „Lippischen Kalender“ des Jahres 1920: „Die klaren Flußläufe führen auch noch heute schmackhafte Fische mit sich. Vor Jahren stand ein Königlicher Sächser an der Berlebecke, sah die munteren, schönen Bachforellen und rief aus:‘Glückliches libbisches Land, daß in teinen Pächen noch lebt der tunkel bunktierte Fisch!’ In dem industriereichen Sachsen sind wohl schon wie in vielen anderen Gebieten des Kreises, die Gewässer so verunreinigt, daß ein solch zarter Fisch

Versendung lebendiger Fische im Winter.

Aus dem Reichs-Anzeiger.

Fischliebhabern will ich hier die Methode bekannt machen, wie man im Winter sehr leicht die Fische, als Karpfen, Forellen ꝛc. lebendig an weit entfernte Orte verschicken kann, welches noch vielen unbekannt seyn mag.

Man packe den lebendigen Fisch locker in Schnee ein, und schicke ihn dann so weit als man will. Der Fisch erstarret im Schnee, stirbt aber nicht. Bey der Ankunft am Orte seiner Bestimmung thue man ihn gleich in kaltes Wasser und er wird sogleich wieder lebendig werden. Daß der Fisch auf der Reise in seinem Schneebette liegen bleiben müsse, und nicht an warme Orte gebracht werden dürfe, versteht sich von selbst.

Z — — in Br.

Lippische Intelligenzblätter, 1803

Das Abfischen des Brockermühlteiches

Der Teich wurde gewöhnlich in Zwischenräumen von 2 bis 3 Jahren abgefischt, was für uns immer ein interessantes Schauspiel und ein eigenartiges Vergnügen war. Das Wasser wurde schon einige Tage vorher allmählig abgelassen, so daß am Fischtage selbst der Teich nur in der Mitte noch flach mit Wasser bedeckt war. Dann wurde die Schütte aufgezogen, das Wasser kam mit brausendem Tosen durch einen unter dem Damm herführenden Kanal gestürzt und floß, eine gewaltige Menge von großen und kleinen Fischen mit sich führend, in ein Bassin, das durch ein Holzgitter am unteren Ende abgesperrt war. Die Fische wurden mit Netzen herausgehoben und in die bereitstehende Wassertonnen und in andere Behälter geschüttet. Wenn sie so zu hunderten und tausenden mit dem gurgelnden Wasser aus dem Kanal gestürzt kamen, das war ein großartiger Anblick und ein seltenes Vergnügen, zumal für uns Jungen, weil wir beim Einfangen der Fische mit Körben behilflich sein durften. In das leergewordene, schlammige Becken des Teiches stiegen hernach Männer mit Lederstiefeln, die ihnen bis unter den Bauch reichten, in der einen Hand einen Sack, in der anderen eine Aalzange tragend. Sie gingen in der durch den Teich in seiner ganzen Länge sich hinziehenden Rinnsale hinauf und fingen die im Schlamm sich verkriechenden Aale sowie auch dort zappelnde Fische, insbesondere Hechte, Karpfen und Barsche. Wenn alle Fische geborgen und verkauft waren, wurde zum Essen gerufen. Jeder Besucher, der seine Beteiligung am Essen angemeldet hatte, bekam einen 1-1½ pfündigen, gebackenen Karpfen mit Zukost. Das war aber ein „teures“ Vergnügen, denn das Essen kostete 8 Silbergroschen, später sogar eine ganze Mark.

aus: Carl Schierenberg, Aus vergangenen Tagen

darin nicht mehr leben kann. Bei uns ist es auch in dieser Hinsicht eher schlimmer wie besser geworden. Ehemals waren es die Abwässer aus den Rottegruben, welche den Fischen gefährlich waren. Daher sollte denn auch durch das Fischereigesetz von 1877 oder 1878 das Zuleiten von Rottegrubenwasser in die Flußläufe verboten werden. Aber man hielt den Flachsbau für wichtiger wie die Fischerei. Seitdem sind hier nun auch größere industrielle Unternehmen ins Leben gerufen. Die Abwasser von solchen, wie auch das Kanalwasser aus den Städten verursachen nicht selten ein großes Sterben der Fische. Es ist daher notwendig geworden, daß sich solche großen Betriebe mit Klärteichen versehen, wie das z.B. bei der Stärkefabrik in Salzuflen, der Zuckerfabrik in Lage usw. der Fall ist.“

Außer der Pflege der Fischerei ist die Fischzucht in Lippe schon sehr früh ausgedehnt betrieben worden; auch schon vor der Erfindung der sogenannten „künstlichen Fischzucht", als deren Begründer der lippische Landwirt Stephan Ludwig Jakobi aus Hohenhausen gilt. Es war der Forellenreichtum der lippischen Bäche, der Jakobi die Anregung zu den Versuchen des sogenannten „Forellenmachens" gab, deren Ergebnisse er in einem ausführlichen Aufsatz „Von der künstlichen Erzeugung der Forellen und Lächse" veröffentlichte. Dem „Forellenmaker in Deutskland", wie ein Franzose einst auf einer Postkarte schrieb, haben die deutschen Fischereivereine 1896 ein schlichtes Denkmal gesetzt. Es ist aus Findlingen aufgebaut und steht in Hohenhausen.

Dicker Karpfen aus dem Norderteich

Die Entdeckung Jakobis wurde zunächst wenig verwertet; aber schon um die Mitte des 19. Jahrhunderts wurde die künstliche Forellenzucht auf einer Reihe von Gütern und Bauernhöfen eifrig betrieben, z.B. durch die Verwaltung des Lippehofes bzw. der Abtei in Lemgo bei den Prinzenteichen, durch die Familien von Donop in Altendonop, von Kerßenbrock in Wieborn und Oesterroden, von Lengerke in Steinbeck und durch die Landwirte Adickes in Rohbraken und Rickbruch, Tenge in Dalbke und Kölbermeier in Heiligenkirchen. Später kamen zu diesen noch die Zuchtanstalten von Meierhenrich in Heesten und Weithöner in Rentorf hinzu. In späteren Jahren bewährte sich in der Zucht vor allem die aus Amerika eingeführte Regenbogenforelle, da sie schneller wächst und weniger empfindlich ist als die Bachforelle.

Neben der Forellenzucht wurde und wird in Lippe noch eine nennenswerte Karpfen- und Schleienzucht in den stehenden Gewässern, vor allem im Norderteich, betrieben. Dieses größte lippische Gewässer wurde bereits im 12. Jahrhundert von Mönchen des Klosters Abdinghof in Paderborn als Fischteich angelegt. Die Mönche riegelten den ursprünglich kleinen Tümpel, den sie bei Bad Meinberg entdeckt hatten, durch einen Staudamm ab und hoben und vergrößerten dadurch den Wasserspiegel erheblich und schufen einen ablaßbaren See. Noch heute wird jährlich oder alle zwei Jahre im November der Teich, in dem neben Karpfen und Schleien auch noch Aale und Hechte vorkommen, abgelassen. Wie es beim Abfischen der Teiche früher zuging, hat der Detmolder Oberlehrer Carl Schierenberg sehr an-

Bekanntmachung

Meinberg. Am Dienstag den 1sten November d. J. findet das Ausfischen des Norderteiches statt, welcher 2–3pfündigen Karpfen in reichlicher Menge zu liefern verspricht.

Der Preis der Fische ist:

1) Karpfen pr. Centner	*8 Rthl 18mgr.*
2) Karpfen pr. Pfund	*4mgr.*
3) Aale pr. Pfund	*6mgr.*
4) Hechte pr. Pfund	*4 mgr. 3 pf.*
5) Backfische pr. Pfund	*3mgr.*

Kaufliebhaber wollen an dem gedachten Tage die Fische am Norderteiche in Empfang nehmen lassen.

An diesem Tage werden daselbst auch einige Fische ausgeschossen werden.

Für die Bewirthung sorgt der Entenkrüger Meier.

Meinberg den 1sten Oktober 1836

v. Heiderstädt

Lippische Intelligenzblätter, 1836

schaulich in seinem Buch „Aus vergangenen Tagen" (1927) am Beispiel des Brockhauser Dorfteiches beschrieben. Karpfen war offensichtlich auch beim Hofstaat besonders beliebt. Auf Tafelzetteln aus dem 18. und 19. Jahrhundert wird er in den verschiedensten Zubereitungsformen erwähnt, so z.B. gefüllte Karpfen mit Soße, Karpfen blau, gebackene Karpfen und gefüllte Karpfen gespickt und glasiert mit Sardellensoße.

Auch die lippische Senne war früher reich an teichähnlichen Gewässern, in denen sich Hechte, Barsche und Schleien tummelten. Noch heute gilt die Senne-Forelle als eine besondere Delikatesse. Der idyllische Donoperteich war schon im 17. Jahrhundert mit Forellen und Karpfen besetzt. Die Forellen aus dem Donoperteich sollen schon 1648 zur Stärkung der Unterhändler bei den Friedensverhandlungen, die den 30jährigen Krieg beendeten, gedient haben.

Fischen den modrichten Geschmack zu benehmen

Fische, die aus modrichtem Wasser gekommen sind, werden in einen Eimer voll Quell- oder Brunnenwasser gethan, darinn man etwas Salz schüttet, und die lebendigen Fische in diesem gesalzenen Wasser mit einem Quirl wohl umrührt. Dieses geschieht drey, höchstens viermal, wobei frisches Wasser genommen wird, bis es nicht mehr schleimig aussieht, worauf man die Fische heraus nimmt und siedet. Man ist durch unwidersprechliche Proben überzeugt, daß aller modrichter Geschmack auf diese Art weggenommen wird, zum Beweise, daß selbiger anfangs nur in der Haut des Fisches befindlich ist, beim Sieden aber in das Fleisch eindringt. Man siehet dieses nach deutlicher daraus, daß, dieses Verfahrens ohngeachtet, die Karausche den modrichten Geschmack an der Zunge behält, die hiebey nicht kann berühret werden.

Lippische Intelligenzblätter, 1781

Wie fast überall wurden Forellen auch in Lippe meist gebacken oder als Forelle blau oder Müllerin auf den Tisch gebracht. Folgende Anweisung „Forellen zu marinieren" stammt aus dem Kochbuch derer von Kerßenbrock:

Forellen zu marinieren

Die Forellen müssen, wie man sonst pflegt zu thun, aus bloßen Wasser blau abgekocht werden; mittlerweile solches geschiehet, wird die Sauce dazu, folgender Gestalt, gemacht.
Man nimmt so viel Wein Eßig, daß die Forellen, wenn man nachher die Sauce dazu schüttet, einen guten Daumen hoch bedeckt seyn, ferner etliche Lorbeer-Blätter, ein wenig Rosmarin, etwas ganzen Weißen Pfeffer, ein wenig Salz, und ganze Mußkaten Blumen, und läßet dieses eine Viertel Stunde miteinander kochen. Die Fische, so indessen warm bleiben müssen, werden nachdem das Wasser davon geschüttet, schichtweise in einen irdenen Topf gelegt, und als dann, die oben beschriebene heiße Sauce darangegoßen, worauf man den Topf mit einem Tuch zu bindet, und in einem Keller verwahret. Auf diese Weise kann man auch allerhand andere Fische, als Hechte, Grimpen, Weißfische und dergleichen marinieren, und etliche Monathe halten.

Berlebecker Forellenschnitten

1 große Forelle
1 Zitrone
2 EL Öl
4 EL Mehl
1 Ei
4 EL Parmesankäse
4 EL gehackte Petersilie
4 EL Semmelmehl
125 g Butter
Salz, Pfeffer

Die vorbereitete Forelle wird in Stücke geschnitten und mit Zitronensaft, Salz, Pfeffer und Öl 1 Stunde lang stehen gelassen. Dann werden Parmesankäse, Petersilie und Semmelmehl gründlich vermischt. Die Forellenschnitten werden zuerst in Mehl, dann in verschlagenem Ei und schließlich in der Käsemischung gewendet. Zuletzt werden die panierten Schnitten von jeder Seite etwa 5 Minuten gebraten.

Gedünstete Senne-Forellen

4 Forellen
2 Zwiebeln
$^1/_2$ Zitrone
$^1/_4$ l Weißwein
$^1/_4$ l Wasser
20 g Butter

Salz, Pfeffer
Petersilie
10 Pfefferkörner
Wacholderbeeren
Zucker

In einer Auflaufform läßt man die Butter schmelzen. Dann gibt man in Würfel geschnittene Zwiebeln, gehackte Petersilie, Pfefferkörner und Wacholderbeeren bei und dünstet diese leicht an. Weißwein und Wasser wird zugegossen. Dann werden Zitronenscheiben hineingelegt, das Ganze wird aufgekocht und mit Salz und Zucker abgeschmeckt.
Die inzwischen vorbereiteten Forellen werden in eine Auflaufform gelegt, etwa 20 Minuten im Backofen gedünstet und dabei ab und zu mit dem Sud übergossen.
Die Forellen werden im Sud mit Kartoffeln und Butter serviert.

Aal mit Backpflaumen

1 kg Aal
50 g Speckwürfel
2 kleine Zwiebeln
etwas Mehl
Öl
$^1/_8$ l Weißwein
Backpflaumen nach Geschmack

Der vorbereitete Aal wird in Stücke geschnitten und in Öl goldgelb gebacken. Die Speckwürfel und die Zwiebeln werden in Butter angeschwitzt, mit Mehl bestäubt und mit dem Weißwein aufgekocht. Dann werden die Aalstücke dazugegeben und gedünstet. Sobald diese halbgar sind, werden die vorgeweichten Backpflaumen dazugegeben und das Ganze langsam gar gedünstet.

Aal in Bier

800 g Aal
$^1/_2$ l helles Bier
1 Stück Brot
1 TL Mehl
Essig
Salz
1 Lorbeerblatt
Pfeffer
1 TL Zucker

Der Aal wird vorbereitet, gesalzen und gesäuert. Dann läßt man ihn etwa eine Stunde ziehen.
Das Bier wird mit Salz, Lorbeerblatt, etwas Pfeffer und dem Brot zum Kochen gebracht. Der Sud wird mit Zucker und etwas Essig abgeschmeckt. Dann wird der Aal in den Sud gelegt, worin man ihn 10 bis 15 Minuten garziehen läßt.
Dann wird der Sud mit Mehl gebunden und abgeschmeckt. Den Aal kann man im ganzen oder in Stücken in der Soße servieren.

Aal in Petersiliensoße

500 g Aal
1 Bund Suppengrün
3 Zitronenscheiben
$^{1}/_{2}$ l Salzwasser
40 g Butter
35 g Weizenmehl
75 g süße Sahne
75 g saure Sahne
1 Lorbeerblatt
5 Pfefferkörner
4 EL gehackte Petersilie
Salz, Pfeffer

Der Aal wird gewaschen und in etwa 6 cm lange Stücke geschnitten. Das Suppengrün wird geputzt, gewaschen, kleingeschnitten und mit dem Lorbeerblatt, den Pfefferkörnern und den Zitronenscheiben in dem Salzwasser zum Kochen gebracht. Dann werden die Aalstücke hineingegeben und das Ganze wird wieder zum Kochen gebracht. Die Aalstücke läßt man dann etwa 10 Minuten darin ziehen. Die Aalstücke werden sodann mit einem Schaumlöffel herausgenommen, in eine Schüssel gelegt und gut zugedeckt warm gestellt.
Inzwischen wird für die Petersiliensoße die Fischbrühe durch ein Sieb gegossen. Dann wird $^{1}/_{2}$ Liter davon abgemessen (eventuell muß man mit Wasser auffüllen!). Man zerläßt 40 g Butter und erhitzt 35 g Weizenmehl unter Rühren so lange darin, bis es hellgelb ist. Dann gießt man die Fischbrühe hinzu. Das Ganze wird mit einem Schneebesen durchgeschlagen, wobei darauf zu achten ist, daß keine Klumpen entstehen. Sodann läßt man es etwa 10 Minuten kochen. Zuletzt wird die süße und saure Sahne samt der Petersilie untergerührt, die Soße mit Salz und Pfeffer abgeschmeckt und über die Aalstücke gegossen.

Norderteich-Karpfen in Senfsoße

1 kg Karpfen
1 feingehackte Zwiebel
2 EL geriebenes Weißbrot
1 Glas Weißwein
etwas Fleischbrühe
150 g Butter
1 Zitrone
Salz, Pfeffer
2 Lorbeerblätter
geriebene Muskatnuß
2 EL Senf

Der geschuppte, ausgenommene und ausgewaschene Karpfen wird mit Salz und Pfeffer eingerieben und in eine Bratpfanne auf den Bauch gelegt, dann werden die Zwiebel, die Lorbeerblätter, das Weißbrot, die Muskatnuß, der Wein und die Fleischbrühe, die Butter, die Zitronenschale und der Senf dazugegeben. Danach wird der Fisch im Ofen, unter häufigem Begießen mit zerlassener Butter eine halbe Stunde gebraten. Ist er fertig, so wird er auf einer Platte angerichtet, die Soße mit starker Fleischbrühe verdünnt und diese, nachdem der Saft einer halben Zitrone darin ausgedrückt, heiß durchs Sieb unter den Fisch gegeben.

Schleien in Weißwein

4 kleine Schleien
Zitronensaft
Salz
Suppengemüse
150 g Speck
2 Glas Weißwein
Butterflöckchen
1 TL Speisestärke

Die Fische werden vorbereitet, gesäubert und gesalzen. Dann wird das Suppengemüse in feine Streifen geschnitten, der Speck gewürfelt und beides kräftig angeröstet. Schließlich werden die Fische daraufgelegt. Man gießt den Wein hinzu und setzt Butterflöckchen auf den Fisch.
Dann werden die Schleien zugedeckt in ca. 25 Minuten im vorgeheizten Backofen bei etwa 200 °C gegart. Schließlich schmeckt man die Brühe ab und bindet sie nach Belieben mit angerührter Speisestärke.

Barsch mit Spargelköpfen

1 Barsch
$^{1}/_{2}$ l Wasser
1 Zitrone
$^{1}/_{4}$ l Weißwein
30 Spargelköpfe
1 Ei
1 TL Speisestärke
$^{1}/_{4}$ l Fischsud
80 g Butter
Salz, Pfeffer
Zucker

Man läßt das Wasser mit Salz aufkochen, gibt Zitronensaft und Weißwein dazu und läßt das Ganze weiterkochen. Dann gibt man den kochfertigen Fisch hinein und läßt ihn 15 Minuten ziehen, bevor man ihn wieder herausnimmt und warm stellt.
Dann verrührt man das Ei mit der Speisestärke, gibt den Fischsud hinzu und schlägt das Ganze im Wasserbad mit dem Schneebesen zu einer dicken Masse auf. Diese nimmt man dann vom Feuer und rührt die flüssiggemachte Butter langsam dazu. Dann wird mit Salz, Pfeffer, Zucker und Zitronenaft abgeschmeckt.
Die Spargelspitzen werden auf eine vorggewärmte Platte gelegt, die Barsche daraufgelegt und mit der Soße übergossen.

Gebratener Lachs

4 Lachsscheiben
60 g Butter
Salz
Öl
Petersilie
1 Zitrone
4 Scheiben Kräuterbutter

Die Lachsscheiben werden leicht gesalzen, mit Öl bestrichen und auf dem Rost gebraten. Man wendet sie nur einmal, bestreicht sie aber wiederholt mit Öl. Sobald sich die Mittelgräte leicht herausziehen läßt, ist der Fisch gar.
Die Lachsscheiben werden mit Zitronenscheiben und Petersilie angerichtet. Dazu serviert man Kräuterbutter oder zerlassene Butter und Salzkartoffeln.

Krebse in Dill

24 Flußkrebse
Salz
1 Bund Suppengrün
1 Bund Dill
Die Krebse werden unter fließendem Wasser abgebürstet. Dann bringt man Salzwasser mit Suppengrün und Dill zum Kochen, wirft die Krebse hinein und läßt das Wasser wieder aufkochen. Die Krebse läßt man nun bei schwacher Hitze in etwa 15 Minuten garen. Dann werden sie im Sud oder auf einer vorgewärmten Platte angerichtet. Dazu reicht man Weißbrot und Butter.

Die folgenden drei Rezepte stammen wiederum aus dem Kochbuch der Elise Eschenburg aus dem Jahre 1845:

Hecht auf der Schüssel zubereitet

Der Hecht wird geschuppt, gewaschen, im Rückgrad durchgehaun und in einfache Stücke zerlegt, mit Salz bestreut. Nach einer halben Stunde wird eine Schüssel mit kleinen Stücken Butter belegt, auf jedes ein Stück Hecht, und dazwischen Champignons, Chalotten, gehackte Sardellen, Cappern, etwas Pfeffer und Nelken, etwas Citronensaft darauf gedrückt und mit 1 gestoßenen Zwieback bestreut. Dann wird die Schüssel fest zugedeckt und so heiß gestellt daß der Hecht kocht. Sobald er kocht kehrt man die Stücke vorsichtig um, daß die beste Seite oben liegt, und wenn es wieder kocht – in derselben Schüssel serviert.

Hechts-Fricandellen

Der rohe Hecht wird zerhackt, u. vermischt mit eben so vielem Weißbrodt ohne Rinde, Petersilie, Salz, Muskatblüthe, geschmelzter Butter u. Rührei von einigen Eiern. Daraus werden Fricandellen gemacht, in Zwieback umgekehrt u. in Butter gahr gebacken.

Gratin von Fisch

Zu einer ziemlich großen Portion nimt man 1/4 Pfd. Mehl, und 1/4 Pfd. Butter in welcher eine Handvoll kleingeschnittene Petersilienwurzeln und Porre gekocht wird; dann gibt man nach und nach süßen Rahm dazu bis es wie ein mäßig dünner Brey ist; so wie man es vom Feuer nimt werden 3 bis 4 ganze Eier dazu gerührt und das Ganze dann durch einen Durchschlag getrieben; der in ganz kleine Würfel geschnittene Fisch, am liebsten Hecht, dazu gerührt und dann in einer mit Butter und Zwiebackskrumen ausgestreuten tiefen Porzellan-Schüssel gegeben, etwas Brodkrumen und kleine Klümpchen Butter oben aufgestreut und in einer Tortenpfanne gebacken bis die Eyer gar sind. Es istgut etwas Salz und ein Bogen Papier unter der Schüssel in die Tortenpfanne zu legen damit die Schüssel nicht springt.

Zubereitung des Salzhechtes.

Man schneidet den Hecht, vom Kopf bis den ganzen Rücken hinunter, auf, ohne den Bauch durchzuschneiden, legt denselben so breit von einander, nimmt, das Eingeweide heraus, wälzt den Hecht gleichsam im Salze herum, und legt ihn nachher, wenn er gesalzen ist, wieder zusammen. Hierauf wird er in die Tonne gelegt, und auf deren Boden sowohl, als auch wieder über den Hecht Salz gestreuet. So macht man es mit allen schichtweise gelegten Hechten bis die Tonne voll ist. Sie müssen aber ja recht fest zusammen gedrückt werden, denn locker verderben sie.

Die dazu gewöhnliche Brühe wird von geriebenen Semmel und Muskate mit guter Fleischbrühe gemacht, und, wenn sie fertig, werden Semmelschnittchen geröstet, auch wird von einer Muskatennuß sogleich auf der Semmel abgerieben, und ein Stück Butter daran gethan. Man legt aber die geröstete Semmel kurz zuvor ehe der Hecht aufgetragen wird, darauf und alsdann gießt man die Brühe darüber, ehe die Semmel weich wird.

Lipische Intelligenzblätter, 1784

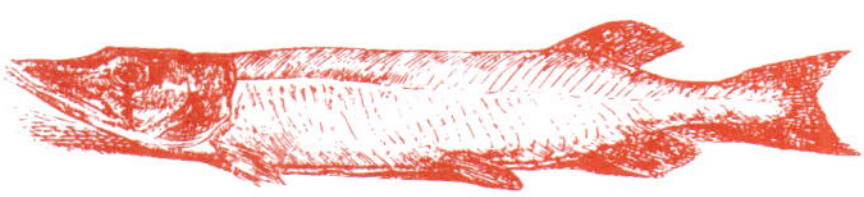

Das folgende Rezept für eine Hechtsuppe stammt aus dem Rezeptbuch derer von Kerßenbrock:

Hechtsuppe

Thue Butter, klein geschnittene Stücke Hecht, nebst aller Kräuter und Gewürz in eine Casterole und laße es durchschmoren, gieße gute Boullion, oder wenn man solche nicht hat, so kochet man gelbe Erbsen, und gibt die mit der Brühe daran, auch ein wenig Braunmehl, laß es kochen bis es sämig wird, schlage es durch einen Durchschlag, hernach schneide weiß Brodt in der Schüssel und lege einige gute Stücke Hecht hinein, schütte Suppe herüber.

Die Lipper wußten natürlich keineswegs nur Süßwasserfische aus den heimischen Bächen und Flüssen zu schätzen. Vor allem der Hering war seit ungefähr 1800 bei der lippischen Bevölkerung sehr beliebt. Schon zu Beginn des 19. Jahrhunderts konnten sich im Weserhafen Erder mehrere Kaufleute niederlassen, die mit nichts anderem als Heringen handelten und es trotz dieses nur einen Kaufartikel zu einigem Wohlstand brachten.
In der Zeit vor der Reformation ließ die kirchliche Religionsausübung in der Fastenzeit und an dem wöchentlichen Fasttag an Fleisch nur den Genuß von Fischen zu. Dieser ursprünglich katholische Brauch hat sich auch im evangelischen Lippe noch lange gehalten. Zu einiger Berühmtheit gelangte das Heringsessen in Bösingfeld, das bis zum Ende des 19. Jahrhunderts alljährlich in der Fastnachtszeit im Zusammenhang mit der Abrechnung über die Gemeindegüter und der Auszahlung der für verkauftes Holz usw. erzielten Barbeträge für die sogenannten „Altbürger“ stattfand.

War der Hering zunächst eine sogenannte „Leckerspeise“, die sich der einfache Lipper nur zu ganz besonderen Gelegenheiten leisten konnte, so fand er im Laufe des 19. Jahrhunderts in Lippe eine so weite Verbreitung, daß er nach und nach zum Inbegriff des „Arme-Leute-Essens“ wurde. Bis zum Zweiten Weltkrieg wurden die Heringe von den Fischhändlern noch mit dem Handwagen ausgeliefert. Auf den Tisch kamen die Heringe in den meisten Familien, vor allem am Sonnabend, fast immer mit Salz- oder Pellkartoffeln.
Das bekannteste lippische Heringsrezept lautet: Man nehme einen Salzhering, hänge ihn an einem Bindfaden an die Lampe über dem Küchentisch. Dazu reiche man Pellkartoffeln, die jeder der zahlreichen um den Tisch versammelten Familienangehörigen am Hering mehrmals abstreife, bevor er sie zum Munde führe.
Natürlich entwickelten die lippischen Hausfrauen mit der Zeit auch etwas verfeinerte Heringsrezepte. Einige finden sich in dem handgeschriebenen Kochbuch der Elise Eschenburg aus dem Jahre 1845:

Gebratener Häring

Nachdem man Häring ausgewässert, zerteilt und ausgegrätet hat, läßt man die Stückchen 24 Stunden in Milch liegen, wendet sie dann in Ei und Semmel um, läßt sie in einer Pform braten, thut zuletzt noch etwas jus darunter.

Heerings-Haché

Nachdem man einen Heering ausgewässert (es braucht kein frischer zu sein), ausgegrätet, hackt man ihn recht fein. Nimmt einen Löffel Butter, von 6 bis 8 Zwieback die Krume, 1 Tasse sauren Schmand, 1 gehackte Zwiebel, schwitzt dies zusammen mit dem Heering auf einer Pfanne unter Rühren gut durch; legt es in eine flache kleine Blechform, bestreut es mit Krume und backt es im Ofen hellbraun. Als Beilage zu frischen Bohnen besonders wohlschmeckend.

Gebackene Heringskartoffeln

Die Kartoffeln werden gar gekocht, die Schale abgezogen, in etwas stärkere Scheiben geschnitten als zum Kartoffel-Salat; alsdann thut man in eine Mehlspeisenform oder Porzelaine-Schüssel kleine Stückchen Butter, darauf Kartoffeln, auf diese gehackten Hering, gehackte Zwiebeln und wieder Stückchen Butter, dann wieder Kartoffeln und so fort bis die Zuthaten verbraucht sind. Süße Sahne oder gute Milch wird mit 2–3 Eiern zerquirlt nebst etwas Pfeffer und wenig Salz und oben auf die Kartoffeln gegossen, daß sie fast bedeckt sind, dann giebt man geriebenen Parmesankäse und noch einige Stückchen Butter darauf, läßt die Speise etwa 1 Stunde im Ofen (oder auf der Herdplatte mit Kohlen oben darauf) hellbraun backen. Jede, Ofen wie auf der Herdplatte muß ein Dreifuß darunter.

Häringskartoffeln

Man kocht Kartoffeln mit der Schale, zieht sie ab und schneidet sie in Scheiben. Dann legt man in eine Auflaufform eine Lage von den Kartoffeln, thut darauf Stückchen Häring, etwas Butter, sauren Rahm und Parmesankäse, dann wieder Kartoffeln und so fort. Man läßt sie im Ofen hellbraun backen.

Ein weiteres Rezept für Heringskartoffeln hat uns Marie Hilker, Köchin auf dem Rittergut Wöbbel, überliefert:

Heringskartoffeln aus Wöbbel

Kartoffeln werden gekocht und in Scheiben geschnitten. 6 Heringe schneidet man in kleine Würfel. Man schneidet dann Speck und Zwiebeln in Würfel, läßt hellbraun werden, tut 3 Eßlöffel Mehl dazu und füllt mit Buttermilch auf, in die Soße tut man nun Kartoffeln und Hering und läßt alles nochmal aufkochen, gibt grünen Salat dazu.

Auch heute noch sind Heringsgerichte in Lippe sehr beliebt:

Marinierter Hering nach Vahlhauser Art

4 Salzheringe
¼ l Essigwasser
Lorbeer
Zwiebel
Pfeffer

Die Salzheringe werden gewässert, ausgenommen und in einer Marinade aus Essigwasser, Lorbeer und Pfeffer eingelegt. Das Ganze läßt man einen Tag ziehen. Dann wird die Marinade aufgekocht und – sobald erkaltet – über die Heringe gegossen. Dazu reicht man Salzkartoffeln.

Detmolder Heringsauflauf

4 Salzheringe
8 gekochte Kartoffeln
1½ Tassen Milch
3 Eier
1 Zwiebel
1 Salzgurke
1 EL zerlassene Butter
Schnittlauch
Butter
Semmelbrösel

Die Heringe werden gewässert, enthäutet, entgrätet und in Streifen geschnitten. Dann wird eine gefettete Auflaufform lagenweise mit den in Scheiben geschnittenen Kartoffeln, Gurken- und Zwiebelwürfeln, Heringsstreifen und dem gehackten Schnittlauch ausgelegt. Dabei beginnt man mit einer Kartoffelschicht und hört auch mit ihr auf. In die Milch werden die Eier und die zerlassene, abgekühlte Butter eingequirlt. Alles wird über den Auflauf gegossen. Oben auf kommen Semmelbrösel und Butterflöckchen. Der Auflauf wird im Ofen etwa 30 Minuten goldbraun gebacken.

Lippische Heringsklöße

4 Heringe
4 Brötchen
1 Zwiebel
100 g Fett
1 Ei
Salz
Pfeffer
Semmelbrösel
Butter

Die Heringe werden gewässert, geputzt, entgrätet und mit den eingeweichten und gut ausgedrückten Semmeln und der Zwiebel durch den Fleischwolf gedreht. Man gibt schaumig gerührte Butter oder Margarine und verquirltes Ei hinzu, salzt, pfeffert und formt aus der Masse nicht zu hohe Klöße. Diese werden in Semmelbrösel gewendet und auf beiden Seiten in Fett knusprig gebraten.

Viele lippische Hausfrauen sind für ihren guten Heringssalat bekannt. Dieser kommt häufig zu oder nach festlichen Anlässen, bei denen auch schon mal einer über den Durst getrunken wird, auf den Tisch. In vielen lippischen Familien gehört der Heringssalat zu den traditionellen Silvesterspeisen Der Silvester-Heringssalat ist besonders beliebt, da er häufig durch Fleischreste vom Weihnachtsfest verfeinert wird.

Varenholzer Herings-Kartoffel-Salat

8 Heringe
500 g gekochte Kartoffeln
2 Äpfel
2 Gewürzgurken
2 Zwiebeln
2 hartgekochte Eier
Kapern
etwas Meerrettich
Essig
Öl
Pfeffer
Zucker
Mayonnaise

Die Heringe werden 24 Stunden gewässert, dann gut getrocknet, entgrätet, filetiert und in kleine Würfel geschnitten. Auch die Kartoffeln, die geschälten und entkernten Äpfel, die Gewürzgurken, die Zwiebeln und ein hartgekochtes Ei werden in kleine Würfel geschnitten. Dann wird alles vermengt.
Aus Essig, Öl, Pfeffer, Zucker und Mayonnaise wird eine Marinade bereitet und alles gut miteinander vermischt. Der Salat wird auf Salatblättern angerichtet, mit Eischeiben Gurken- und Tomatenscheiben garniert.

Tante Ettas Silvester-Heringssalat

3 in Sahne eingelegte Heringe
250 g gekochtes Schweinefleisch
250 g gekochtes Kalbfleisch
1 kg Pellkartoffeln
400 g Gewürzgurken
400 g Rote Bete mit Saft
400 g Zwiebeln
6 saure Äpfel
6 hartgekochte Eier
Salz
Pfeffer

Für die Marinade:
4 EL Joghurt-Salatmayonnaise
2 Eier
1 Zitrone
Fleischbrühe

Sämtliche Zutaten (für 10 Personen berechnet) werden in Würfel geschnitten und gut miteinander durchgemischt. Am besten schmeckt der Heringssalat, wenn man ihn vor dem Verzehr 24 Stunden ziehen läßt. Die Marinade wird dann erst am nächsten Tag zubereitet, indem man die Salatmayonnaise mit den beiden Eiern, dem Saft einer Zitrone und etwas Fleischbrühe verrührt. Die Marinade wird mit dem Salat vermischt und alles mit Salz und Pfeffer abgeschmeckt.

Man kann natürlich auch einen heimischen Hecht oder eine Brasse so zubereiten, daß er nach Hering schmeckt. Das folgende Rezept stammt aus dem handgeschriebenen Kochbuch derer von Kerßenbrock aus dem 18. Jahrhundert:

Einen Fisch mit der Herings Soße

Man nimmt einen Hecht oder Brassen, schuppt denselben und wäschet ihn recht rein ab, hiernächst nimmt man einen Hering oder nachdehm die Portion groß ist zwey Heringe, putzet denselben auch recht rein, und machet das Fleisch von den Gräten ab, hacket solches recht fein, dann thut man ein gut Theil Butter in einen Castrol, und schwitzet darin den gehackten Hering, man gibt auch etwas Semmelkrumen und zuletzt etwas Rinderboullion dazu, damit es nur durchkochet und ein wenig sämig wird, dann schläget man dieses durch ein feines Sieb, in eine breite Schüssel, worin der Fisch stückweis ein bei den andern gelegt wird, und läßet denselben in der Soße auf mittelmäßigen Kohlen gar werden; man muß die Schüssel dann und wann mit Schütteln bewegen, daß er sich nicht ansetzt, und so zur Taafel geben.

Karfreitags kam in Lippe in zahlreichen Familien gedünsteter oder gebackener Schellfisch – zumeist mit einer Senfsoße – auf den Tisch.

Gebackener Schellfisch

1,2 kg Schellfisch
150 g Mehl
Wasser
1 Ei
Fett
Essig
Salz

Die Schellfisch-Filets werden in Portionsstücke geschnitten, gesäuert und gesalzen. Aus Mehl, Wasser und Ei wird eine Art Teig bereitet und mit Salz abgeschmeckt. Die Fischstücke werden sodann zuerst in Mehl gewendet, dann in den Teig getaucht und in Fett etwa 5 bis 7 Minuten ausgebacken.

Gedünsteter Schellfisch in Senfsoße

1 kg Schellfisch
3 EL Weizenmehl
3 EL Butter
$^1/_4$ l Sahne
1–2 EL mittelscharfer Senf
gehackter Dill
Salz, Pfeffer
Paprika, edelsüß

Der Schellfisch wird unter fließendem kaltem Wasser abgespült, trockengetupft und in etwa 3 cm breite und etwa 5 cm lange Streifen geschnitten. Dann wird das Weizenmehl mit Salz, Pfeffer und Paprika vermengt und der Fisch darin gewendet.
Butter wird in einer großen Pfanne zerlassen, die Hälfte der Sahne hinzugefügt und erhitzt. Dann wird der Fisch hineingegeben und ca. 20 Minuten gar gedünstet. Der Fisch wird in eine vorgewärmte Schüssel gegeben. Die restliche Sahne und der Senf werden unter die Soße gerührt. Dann läßt man das Ganze aufkochen und schmeckt mit Salz und Pfeffer ab. Die Soße wird über den Schellfisch gegossen und mit Dill bestreut.

Illustrierter Haus-Kalender für das Fürstentum Lippe auf das Schaltjahr 1904

Lippisches Brot und Gebäck

Sein Brot selbst zu backen, ist heute wieder sehr viel stärker verbreitet als noch vor ein oder zwei Jahrzehnten. Dabei werden von den Hobby-Bäckern häufig sehr phantasiereiche Kornmischungen zu Drei-, Vier- bis X-Korn-Broten verbacken. Auch in den Bäckereien Lippes werden heutzutage die abenteuerlichsten Mehrkornbrote angeboten.

Diese Vielfalt des Brotangebotes ist relativ neuen Datums. Noch bis zum Ersten Weltkrieg gab es in Lippe für den täglichen Verbrauch eigentlich nur eine Brotsorte: das selbstgebackene Graubrot, kurz und knapp *Braut* genannt. Bei diesem *Braut* wurden Roggen und Weizen im Verhältnis $^3/_4$ zu $^1/_4$ gemischt und zusammen gemahlen. Nur wenn die Backfähigkeit des Roggenmehls durch Witterungseinflüsse stark beeinträchtigt war, wurde aus dem Graubrot durch den Zusatz von Gerstenmehl das sogenannte „Mengbrot". Die Gerste, ausschließlich Wintergerste, wurde getrennt gemahlen, das Mehl zu einem dünnen Brei verrührt und dieser Brei dem Brotteig beim Säuern zugesetzt. Durch den Zusatz des Gerstenmehls (etwa $^1/_{10}$ der Gesamtmehlmenge) sollte das Brot lockerer werden. In Notzeiten wurden dem Graubrot auch schon mal Ackerbohnen, Kartoffeln oder gar weiße Rüben zugesetzt. Kleines grob gebackenes Brot aus Roggenmehl und Buttermilch hieß in Lippe *Mikken.*

Das aus Weizen gebackene Weißbrot *(Stiuten)* galt früher als absolute „Leckerspeise" für Sonn- und Festtage. Reines Roggenbrot *(Schrotbraut),* das heute in Lippe sehr beliebt ist, wurde nur selten gebacken. Pumpernickel gar war früher in Lippe völlig unbekannt. Eine Lipperin, die um 1900 einmal zu einer Taufe nach Ummeln bei Bielefeld fuhr, soll nach ihrer Heimkehr beeindruckt festgestellt haben: *„De hadden dor Braut, dat was seo schwacht os'n Om'n, schmecke öwwer cheot!"*

In den lippischen Familien auf dem Lande wurde früher in der Regel alle acht bis vierzehn Tage gebacken. Nur selten hielt eine *Bäckte* drei Wochen lang. Reichte das *Braut* mal nicht ganz bis zum nächsten Backtag, wurde keinesfalls etwas hinzugekauft, sondern beim sogenannten *Siuerdeugsnower* (Sauerteigsnachbarn) geliehen. Die Bezeichnung *Siuerdeugsnower* wurde in Lippe häufig auch im übertragenen Sinne auf jemanden gemünzt, der seine Nachbarn nur dann kennt, wenn er sie nötig hat.

Für das tägliche *Braut* wurde nie Hefe, sondern immer Sauerteig verwendet. Dieser wurde jeweils von der letzten *Bäckte* einbehalten. Oft taten sich zwei oder drei Nachbarn zusammen und reichten sich gegenseitig den Sauerteig weiter, weil er sonst zu alt wurde. Wer zuletzt gebacken hatte, setzte auch wieder den Sauerteig an. Er kam dann in einen irdenen Topf, wurde mit Salz be-

streut und mit einer *Stülpen* (Topfdeckel) zugedeckt. Im Sommer wurde ein flaches Tuch aufgelegt. Aufbewahrt wurde er meist an einem luftigen Platz im Keller.
Das *Deug- oder Vörstück* (Teig- oder Vorstück) wurde am Vorabend des Backtages angesetzt. War es dann über Nacht bei geschlossenen Fenstern und Türen *upgohn* (aufgegangen), wurde der eigentliche Brotteig *„anmenget"* (angemengt) und *ornlick intkneet* (ordentlich durchgeknetet). Die richtige Beschaffenheit hatte der Teig, wenn er nicht mehr von den gespreizten Fingern der hochgehaltenen Hand *drüppte* (abtropfte).
Der fertige Teig wurde dann mit der Hand zu Brotlaiben – meist fünf bis sechs Pfund schwer – geformt. Die Laiber wurden mit einer Gabel *gestippt,* damit die Nässe besser heraus konnte. Bei Gemeinschaftsbäckten kennzeichnete jeder der *Metbäkker* (Mitbäcker) seine Brote nach Lust und Laune: mit einem Schlüssel, dem Fingernagel, den Anfangsbuchstaben seines Namens usw. Vor dem Backen wurden die Brote mit einem Messer längs oder quer eingeritzt und mit lauwarmem Wasser abgerieben. Dann endlich konnten die Brotlaibe mit dem *Schiuwer* – einer langen Stange mit einem länglichen Brett von der Größe eines Brotes – einzeln in den Backofen geschoben werden. Die Brote, die direkt an den Ofenrand – entlang des Mauerrings – geschoben wurden, hießen *Muierbraut* oder *Kantenbraut.* Sie hatten einen besonders großen Krustenanteil.
Nach gut zwei bis zweieinhalb Stunden Backzeit wurde zunächst ein Brot aus dem

Brot wird gebacken

Einmal jede Woche wurde Brot gebacken. Es ist eine jener Arbeiten und Handlungen, die so recht das Vielseitige des bäuerlichen Lebens und Arbeitens zeigen. Am Vorabend des Backtages wurde Mehl vom Speicher geholt und in die Backmulde gefüllt, die dann auf zwei Stühlen in der Küche aufgestellt wurde. War es Winter und das Mehl vielleicht sehr durchkältet, dann mußte es schon einen oder zwei Tage früher mit der Mulde in die durchwärmte Küche gestellt werden, weil sonst das Brot beim Backen nicht recht aufging und „speckig" werden konnte. Das Mehl an sich mußte schon locker sein und das wurde es durch Wärme.

Am Vorabend wurde auch das Mehl eingemehrt. Sauerteig, ein Rest Teig, der in kleiner Schüssel vom letzten Backtag noch stand und inzwischen sauer geworden war, wurde in warmem Wasser aufgelöst und damit ein Teil des Mehls durchmengt. Es war nicht viel, was durchmengt wurde, ein kleiner Teich, in der Mitte des ringsum aufgehäuften Mehls, mit dem die Mulde gefüllt war. Aber am andern Morgen war dieser kleine Teich gewachsen, war hochgeschossen, hatte sich ausgebreitet und warf vor Wildheit Blasen. Jetzt wurden Hände voll Salz darübergestreut, warmes Wasser noch hinzugegossen und das Ganze zu Teich durchknetet. Das war eine harte Arbeit. Ein bis zwei Stunden lang mußte der Teich durchknetet und geschlagen werden, bis er beim Schlagen ganz allein von der Hand sich löste. Tat er das, dann war er gut. Jetzt durfte er zwei bis drei Stunden wieder ruhen. In dieser Zeit trieb der Sauerteig ihn hoch, daß er ganz locker wurde, gleichsam luftig.

In dieser Zwischenzeit heizte meine Mutter den Backofen, der an die Küche angebaut war, und zwar so, daß Feueröffnung und Rauchfang in der Küche waren. Ein tiefer und breiter Schlund war dieser Backofen, eine Höhle, die, wenn kein Feuer darin brannte, nicht zu übersehen war. Am Backtag aber, da flammte diese Höhle in Glut. Mit Reisig wurde das Feuer zuerst angesteckt und dann große, dicke Holzscheite nachgeschoben. Das knisterte und flammte, warf Hitze, daß meine Mutter nur mit wenig bekleidet, vor diesem Feuerbrand hantieren konnte. Aber wie hantierte sie da. Ich denke immer mit Bewunderung daran. Sie dirigierte das Feuer gewissermaßen, schob die brennenden Scheite in alle Winkel der Ofenhöhle, damit die Hitze darin sich gleichmäßig verteilen sollte und regulierte den Rauchfang. Sie hatte kein Thermometer und keinerlei komplizierte Vorrichtung, um den Hitzegrad zu prüfen. Sie machte das alles aus ihrer Erfahrung. Und während das Feuer im Backofen knisterte und flammte, wurden die Brotlaibe ausgewergt – acht bis zehn große Laibe jede Woche – und in Strohnäpfen in die Nähe des wärmenden Backofens gestellt. Der Sauerteig trieb weiter und in den rund geformten Laiben, sie traten bald über den Rand der Näpfe. Jetzt war es Zeit, sie in den Ofen zu bringen. Mit langer Krücke wurden die glühenden Holzkohlen aus dem Backofen herausgeholt; er lag jetzt wieder dunkel, aber von glühender Hitze erfüllt. Ich lief und holte den „Backofenschießer, ein rund geformtes, dünnes Brett an langer Stange. Die Mutter stand jetzt wieder am Backofen, legte dort das Brett des „Schießers" auf, ich reichte ihr die gefüllten Näpfe, sie nahm sie, warf spielend leicht, mit einem Schwung die Teiglaibe heraus auf das Brett des „Schießers" und geschwind und sicher schob sie sie nun in die Höhle des Backofens, ihnen dort einen Platz anweisend. Ein Teiglaib nach dem andern verschwand so. Im Nu war „eingeschossen", die eiserne Tür des Backofens wurde geschlossen und das Brot konnte backen. Wenn es dann schließlich gebacken und herausgenommen war mit dem dünnen „Schießer", dann duftete das ganze Haus nach frischem Brot. Die großen Laibe kamen wieder in ihre Näpfe, wurden im kühlen Flur des Hauses aufgestellt, wo sie kalt werden konnten. Dort standen sie bis zum nächsten Tag, wurden dann in den Keller gebracht und in die „Brothange" gelegt. Das waren zwei parallel laufende Stangen, die mit großen Haken an der gewölbten Decke des Kellers festgemacht waren. Dort blieb das Brot frisch, schimmelte auch nicht, und jeden Tag wurde so ein großer Laib heraufgeholt, angeschnitten und verzehrt.

Charlotte Hauser
aus: Heimat und Welt, 1933

Lippische Bäuerin beim Brotbacken

Ofen *togen* (gezogen) und *afkloppet* (abgeklopf). An dem Ton war zu erkennen, ob das Brot schon gar war. Wenn nicht, kam es noch einige Zeit wieder in den Ofen. Nach dem Ausziehen wurden die Brote nochmals mit lauwarmem Wasser abgerieben oder besprüht. Dies verlieh ihnen den gewünschten Glanz. Erst danach wurden sie zum Auskühlen auf Lattenroste gelegt. Waren die Brote abgekühlt, wurde zunächst eines angeschnitten, um zu sehen, ob sie gelungen waren. Stellte sich heraus, daß die Brote nicht richtig *upgohn,* d. h. genügend locker geworden waren, wurde in der Regel dem Müller die Schuld gegeben. Klebrige Streifen im Brot hießen *Klewwastrüimen* oder auch – noch weniger appetitlich – *Möllerschnötte,* was soviel bedeutet wie „Nasenschleim des Müllers", der angeblich in das Mehl getropft war. Hatte das Brot unter der Oberrinde Hohlräume, wurde dies als Folge eines Streites zwischen den Eheleuten gedeutet und gesagt: *Do hät de Boiter suin Wuiw dürjaget* (Da hat der Backofenheizer seine Frau durchgejagt). Auch wenn das Brot allgemein zu locker war und große Poren aufwies, sagte man, da sei wohl der Bäcker durchgekrochen.

Oft hatten sich an der Brotkante kleine Knollen gebildet, die dann von den Kindern sofort abgebrochen und warm verschlungen wurden. Die Brote hatten immer eine möglichst dicke, harte Kruste, damit sie länger frisch blieben. Diese Kruste war bei den Kindern meist weniger beliebt. Um sie ihnen dennoch schmackhaft zu machen, sagte man ihnen, die *Köstken* (Krusten) und *Kniuste* (Endstücke des Brotes) enthielten die meiste Kraft.

Waren die Krusten und *Kniuste* nach ein, zwei Wochen dann doch ein wenig zu hart geworden, wußte die lippische Hausfrau daraus noch eine kräftige Abendmahlzeit zuzubereiten, die in Lippe *Water on Braut* (Wasser und Brot) genannt wurde. Die harten Brotkrusten und -knüste wurden in heißem Wasser aufgeweicht; dann wurde heiße Milch hinzugegeben und schließlich einige geschlagene Eier darin verrührt. Überhaupt waren die Lipper große Liebhaber des *Inplockens.* Ob beim Frühstück oder Abendbrot: die harten Brotstücke in den Kaffee oder die Milchsuppe zu brocken, war ein großes Vergnügen.

Das erste aus dem frischgeernteten Korn eines jeden Sommers gebackene Brot wurde in Lippe *Liewekeuken* genannt. Diesem Brot wurde eine ganz besondere Kraft zugeschrieben: auch galt es als glückbringend. Bei der ersten *Bäckte* wurde von dem neuen Korn immer auch eine Anzahl kleiner Brote mitgebacken, die dann als *Liewekeuken* an die Nachbarn und Verwandten verschenkt wurden. Lippische Heimatforscher und Schriftgelehrte haben lange darüber diskutiert, ob das plattdeutsche *Liewekeuken* richtiger mit „Lebkuchen“ oder mit „Liebekuchen“ zu übersetzen sei. Wir halten es da eher mit Oma Wiesendeppe von der Kussel, nach deren Ansicht *Liewekeuken* bedeutet, daß man *„dat ganze Johr teo liewen hadde“.*

Für die alten Liemer war vor allem das Brotkorn vom letzten Fuder bedeutsam. Noch bis zum Ersten Weltkrieg hielten sie an dem Brauch fest, etwas vom *lesten Foier* des Vorjahres *in't nigge Braut* zu backen: *„Dat es geot for alles“,* meinten sie.

Wohl noch aus katholischer Zeit stammt der Brauch, aus dem neuen Korn zum Kirchweihfest sogenannte *Meßkeoken* mitzubacken, flache Kuchen, etwa so dick wie Butterkuchen, aber aus Brotteig. Der *Meßkeoken,* der nicht geschnitten, sondern gebrochen wurde, bestand fast nur aus Kruste und soll sehr gut geschmeckt haben. Auch andere Bräuche aus katholischer Zeit im Zusammenhang mit Brot haben sich im evangelischen Lippe recht lange gehalten. Wenn die Brotlaibe geformt auf dem Tisch lagen, wurde z. B. häufig mit dem Messer oder der Gabel ein Kreuz eingeritzt. Auch schlugen viele ein Kreuz in der Luft, bevor sie ein neues Brot anschnitten.

Vom Schimmeln des Brodtes.

Dem Schimmel des Brodts zuvorzukommen, muß dasselbe so viel möglich ist, von seiner Feuchtigkeit durch Austrocknen befreyet werden. Denn nur feuchte Dinge beschlagen oder werden schimlicht. Ein wohl ausgebackenes Brodt ist dem Schimmel weniger unterworfen, als ein anderes das nicht so gut ausgebacken ist. Wenn es vor dem Schimmel verwahret werden soll, so darf es an keinen Ort hingeleget werden, wo eine feuchte und warme Luft ist, sondern vielmehr an einen luftigen trocknen Ort. Der Schimmel ist nichts anders als eine Pflanze von ungemeiner Zertheilung. Das Wachsthum desselben beruhet also, wie aller Pflanzen, auf der Feuchtigkeit und Wärme. Fehlen diese so werden keine Pflanzen empor kommen; und so wird auch kein Schimmel entstehen, wenn das wohl ausgebackne Brodt an keinen dumpfigen, feuchten und warmen Ort geleget, und wenn es etwa in den Keller gebracht wird, lieber auf ein etwas von der Erde erhabnes Gestelle, als niedrig, auch nicht zu nahe an die Wände desselben, welche oft beschlagen und feucht zu seyn pflegen, hingeleget wird.

Lippische Intelligenzblätter, 1772

Daß der Anschnitt des Brotes in Lippe *Lachekniust,* das letzte Stück des Brotlaibes *Grüine-* bzw. *Brammekniust* (grüinen, brammen heißt weinen) genannt wurde, hängt dann wohl wieder mehr mit der Sparsamkeit der Lipper als mit ihrer Gottesfurcht zusammen. Daß den „echten" Lipper schmerzliche Gefühle überkommen, wenn schon wieder ein schönes, großes Brot aufgegessen ist, kann man sich leicht vorstellen.

Brot wurde in Lippe meist sonnabends gebacken, damit man für den Sonntag einen frischen *Stiuten* mitbacken konnte. Der *Stiuten* wurde aus Weizenmehl gebacken, mit Zucker, etwas Salz, manchmal mit Milch und – in ganz besonderen Fällen – mit Korinthen oder gar Rosinen als absolute Leckerbissen. Die Zugabe von Korinthen und Rosinen wurde allerdings in den meisten lippischen Familien als die Grenze der Verschwendung überschreitende Üppigkeit angesehen. Der *Stiuten* wurde in der Regel ohne Brotaufstrich gegessen. Ein alter Lipper erinnert sich: „Zu Feiertagen backte die Mutter große Weizenstuten, blendend weiß. Aber dazu gab es keine Butter als Aufstrich. Mutter sagte, die Butter sei schon darein gebacken. Früher ging auf den Dörfern alles einfach zu. Da galt noch der Grundsatz: *Druh Braut maket de Wangen raut!*" Mit Butter, Rübenkraut oder gutem Sennehonig wurde der *Stiuten* allerdings auch von den sparsamsten Lippern nichtsdestotrotz lieber gegessen.

Der *Stiuten* wurde zusammen mit dem Graubrot eingeschoben, kam aber auf eine nicht zu heiße Stelle und nahe an die Ofenklappe, weil er früher – nach etwa einer Stunde – wieder ausgezogen werden konnte. Für die Kinder wurde stets ein kleines Stück *Appelstiuten* oder, wenn es keine Äpfel mehr gab, ein kleiner *Krengel* mitgebacken. Als Leckerspeise beliebt war auch der sogenannte *Openpannkeoken,* ein Stutenteig mit Zucker darüber.

Auch der Teig für den Zwieback (Zweiback) wurde meist am Samstag im Ofen mit ausgebacken. Am Sonntag schnitt man dann die erkalteten Zwiebackrollen in Scheiben und röstete sie von beiden Seiten an. An besonderen Festtagen wurde der Zwieback vor dem Rösten in Zucker und Vanille oder Zucker und Zimt gewendet oder gar nach dem Rösten noch glasiert.

Stuten wurde in Lippe früher zu verschiedenen Gelegenheiten – häufig als Bestätigung und Anerkennung eines Vertrages – verschenkt. So erhielten zum Beispiel die Barntruper Hirten alljährlich nach Wiederaufnahme ihrer Tätigkeit einen Stuten. Ebenfalls einen Stuten erhielten noch zu Beginn dieses Jahrhunderts die Mitglieder des Magistrats, die Holzgeschworenen, der Flurschütz und etliche andere im Dienste der Stadt stehende Barntruper. Ähnliche Bräuche gab es in Blomberg. So war es im Laufe des 19. Jahrhunderts in Blomberg Sitte geworden, daß die Kinder an ihrem ersten Schultag vom Lehrer einen *Klöwen* (Stuten) geschenkt bekamen. Auch bei anderen Gelegenheiten sind in Lippe Gebäcke verteilt worden. So gab es zum Beispiel in Detmold in allen Versammlungen des Bäckeramtes zu diesem Zweck besonders gebackene *Krengel* (Brezeln), zu denen Stadtbier aus Krügen gereicht wurde.

Anzeige im Katalog zur lippischen Gewerbeausstellung, 1881

Da der *Stiuten* in Lippe so eindeutig mit Sonn- und Feiertagen verbunden war, wurden häufig auch die Flitterwochen als *Stiutendage* bezeichnet. Aus dem Stutenteig wurden auch zahlreiche Gebildbrote hergestellt, die in Lippe vor allem zur Weihnachtszeit, früher aber wohl auch zum Osterfest an die Kinder verschenkt wurden. Als Nikolausgebäck allgemein verbreitet waren in Lippe die Stutenkerle. Mit Rosinenaugen und -knöpfen und heute meist mit einer Tonpfeife versehen, sind sie überall bekannt.

Eine Schlänger Spezialität sind hingegen die sogenannten *Hietseböcke,* die häufig als Vorläufer der Stutenkerle angesehen werden. Auch sie wurden in der Vorweihnachtszeit gebacken, in der Regel aus Teigresten vom Plätzchenbacken. Oft hatten sie Tiergestalt (Hirsche, Schafe, Pferde, Kühe), manchmal waren es aber auch reine Phantasiegebilde. Die *Hietseböcke* – so erinnert sich ein alter Schlänger – „hielten sich lange und wurden zuletzt so hart, daß man sie auf die Tischkante schlagen mußte, um sie klein zu kriegen". Vor einigen Jahren hat der Bäckermeister Nowosad aus Schlangen versucht, zum Schlänger Markt die Tradition des *Hietseböcke*-Backens wiederzubeleben.

Eine noch ältere Tradition als die *Hietseböcke* haben wohl die *Hedewittken,* die heißen Wecken, die früher zur Fastenzeit in Lippe überall gebacken und gegessen wurden. Das Backen dieser heißen Wecken aus Milchbrotteig war durchweg eine Angelegenheit der Bäcker. In den letzten Tagen der Fastenzeit gingen die

„Brötchenbringer" der Bäcker mit *Hedewigen* von Haus zu Haus. Dieser noch aus der Heidenzeit stammende Brauch erregte schon früh das Mißfallen des lippischen

„Unordentliche" Unikate

Meine Großmutter schnitt die „Hietsebböcke" nicht aus dem ausgerollten Teig heraus, sondern formte sie aus den schmalen Teigresten, die nach dem Ausstechen der Sterne, Herzen, Ringe, Bäume und Vögel übriggeblieben waren. Mit ruhiger Hand zauberte sie Menschen- und Tierfiguren hervor, die manchmal nur mit Mühe zu identifizieren waren. Gelegentlich waren die Teiggestalten frei erfundene Mischwesen und regten die kindliche Phantasie zu allerlei Entdeckungen an. Die „Hietsebböcke" stellten im Gegensatz zu den mit Blechformen hergestellten Plätzchen „unordentliche" Unikate dar. Sie mußten in der duftenden Backstube am längsten warten, ehe sie auf das Blech gelegt und als letzte in den glühenden Backofen geschoben wurden. Während die ordentlichen und „heilen" Kekse in einer dunkelbraunen Dose verschwanden und zumeist erst am Lichterbaum oder auf dem Weihnachtsteller wieder zum Vorschein kamen, waren Bruchstücke, Brandstücke, Brandbraune und „Hietsebböcke" für uns Kinder und für den sofortigen Verzehr bestimmt, und wir durften sie in den nächsten Tagen nach Herzenslust vernaschen.

Herman Kloke, in:
Lippische Blätter für Heimatkunde, 1984

Regenten. Nicht zufällig wird in einer „Verordnung wegen Abschaffung der Mißbräuche in den Fasten" aus dem Jahre 1684 an erster Stelle das öffentliche Ausrufen und der Verkauf der heißen Wecken in den Städten „dieser Unserer Grafschaft" bei hoher Strafandrohung verboten, weil dadurch „ein jeder zum Freß- und Bachusfest gleichsam eingeladen werde". Großer Erfolg kann diesem Edikt nicht beschieden gewesen sein. In fast allen Städten und Dörfern Lippes war die Hedewittkensitte zu Fastnacht auch zu Beginn unseres Jahrhunderts noch fest eingebürgert. Ursprünglich hatten die später handtellergroßen, runden Milchbrötchen zur Erinnerung an Donor die Gestalt der sogenannten Donnerkeile. Die Bezeichnung *Hedewigen* bzw. *Hedewittken* wird einerseits von „heißen Wecken" abgeleitet, weil das Gebäck heiß – so frisch wie möglich aus dem Backofen – gegessen werden mußte. Von den „Brötchenbringern" wurde es in Tücher gewickelt überbracht, damit die Backofenwärme nicht verloren ging. Es findet sich aber auch die Schreibart „Heidenwecken", gedeutet als „Wecken zur Heidenzeit".

Ein typisches Neujahrsgebäck waren in Lippe früher die knusprigen Eiserkuchen. Die dünnen, runden Kuchen, die man gleich nach dem Backen gewöhnlich zu lockeren Tütchen aufrollte, werden heute zumeist in gußeisernen Waffeleisen gebacken. Früher wurden die Eiserkuchen in einer zangenförmigen Backform, deren runde Formplatten mit langen Handgriffen versehen waren, am offenen Holzkohlenfeuer gebacken. Im Gegensatz zu den heutigen Waffeleisen waren die alten Backformen aus freier Hand geschmiedet.

Die Formplatten wiesen eingeritzte oder eingeschlagene Linien, Sterne, Kreise, aber auch Wappen oder Sinnsprüche auf, die dann später als Muster auch den Eiserkuchen zierten.

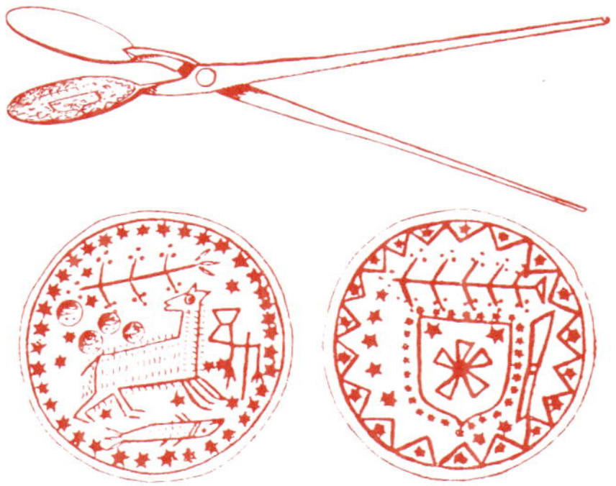

Lippisches Waffeleisen aus dem 16. Jahrhundert

Wie das Brot wurde auch der Kuchen zumindest auf dem Lande früher in der Regel nicht fertig gekauft, sondern selbst gebacken. Zu Feiertagen wurde nach dem Brotbacken oft noch ein auf einem großen Backblech vorbereiteter Hefeteig-Kuchen, der sogenannte *Plotenkeoken* (Platenkuchen, Blechkuchen) in dem noch heißen Ofen abgebacken. Egal ob dieser Kuchen nun mit Butter und Zucker *(Botterkeoken),* Streuseln *(Kruiselkeoken),* Äpfeln *(Appelkeoken)* oder Zwetschgen *(Schwetzkenkeoken)* belegt war: Für die Lipper blieb er allemal ein Platenkuchen, im Unterschied etwa zu einem *Nappkeoken* (Napfkuchen), den sie allerdings auch zu schätzen wußten. Nach dem Abbacken der Kuchen war der Backofen meist noch warm genug, um im Herbst Pflaumen, Äpfel und Birnen zu Dörr- oder Backobst zu trocknen. Die gedörrten Apfelhälften hießen *Snitzeln,* die gedörrten Birnen *Brobitzen.* Getrocknet wurde vor allem süßes Obst: „Man hatte dann etwas zum Süßen und brauchte nicht immer den teuren Zucker zu kaufen“, hieß die typische lippische Begründung.

Hausfrauen, die daheim keinen genügend großen Backofen hatten, ließen ihren Platenkuchen noch bis in die fünfziger Jahre unseres Jahrhunderts – für damals eine Mark pro Blech – bei ihrem Bäcker abbacken. Vor allem vor Feiertagen war bei den Bäckern dann oft ein großer Andrang. In der väterlichen Bäckerei Vogtmeier in der Detmolder Meierstraße saßen die Nachbarinnen dann manchmal noch bis spät abends auf der Flurtreppe vor der Backstube und warteten auf ihren *Plotenkeoken.*

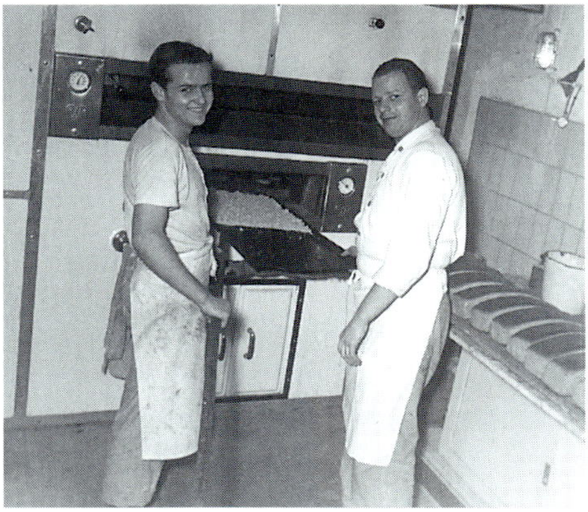

Bäckermeister Karl Vogtmeier (rechts) und Geselle beim Abbacken von Platenkuchen

Das wohl bekannteste Gebäck Lippes ist sicherlich die *Lemske Strauhsemmel* (Lemgoer Strohsemmel), die allerdings nicht nur in Lemgo, sondern auch in vielen anderen Städten des Landes hergestellt wird. Einer alten Überlieferung zufolge wurde das Rezept für die Strohsemmel von einem unbekannten Bäckergesellen und Soldaten im napoleonischen Feldzug 1812 aus Rußland nach Lippe mitgebracht. In Horn soll dieser Bäckergeselle einen Bäckermeister aus Lemgo getroffen haben, dem es gelang, ihm das Rezept abzuluchsen und die Strohsemmel in Lemgo einzuführen. Eine andere Überlieferung macht den Lemgoer Bäckergesellen Conrad Ludwig Richter zum „Vater" der Strohsemmel. Nach Beendigung seiner Wanderjahre verlegte der junge Bäcker Richter im Jahre 1828 seinen Wohnsitz in die Residenz Detmold und eröffnete dort in der Schülerstraße in unmittelbarer Nähe der damals noch nicht abgebrochenen Kapelle des Augustiner-Nonnen-Klosters eine Bäckerei, in der man schon bald Strohsemmeln kaufen konnte.

Beide Überlieferungen berichten, daß das Rezept der Strohsemmeln immer als Familiengeheimnis gehütet worden sei. Da aber spätestens seit Mitte des 19. Jahrhunderts nicht nur die Bäckerei Richter in Detmold und die Bäckerei Kracht in Lemgo, sondern auch zahlreiche andere Bäckereien in Lippe Strohsemmeln backten und verkauften, muß sich das „Geheimrezept" unter Lippes Bäckern doch relativ rasch herumgesprochen haben. Schon bald ließ auch das Detmolder Fürstenpaar bei größeren Festessen Strohsemmeln auftischen. Gäste vom Anhaltischen Hof, die während eines dieser Feste in Detmold zu Besuch waren, fragten später in einem Brief beim lippischen Fürsten nach dem Rezept der Strohsemmel, ohne es jedoch zu erhalten! Egal ob die Strohsemmeln sich nun zuerst in Demold oder in Lemgo durchgesetzt haben: Entscheidend ist, daß sie sich noch heute in beiden Städten größter Beliebtheit erfreuen und oft schon am Vormittag ausverkauft sind.

Das Besondere an der Strohsemmel ist wohl auch weniger das Rezept als die Herstellungsart: Zum einen wird der Teig gebrüht; zum anderen werden die gebrühten Teigstücke auf einer Strohunterlage an Stelle eines Backbleches abgebacken. Es ist unklar, ob der lippische Bäckergeselle das Strohsemmelrezept in Rußland erfahren oder auf der Flucht selbst erfunden hat. Fest steht, daß das Brühen von Mehlteigen bei den russischen Bauern weit verbreitet war. Das Abbacken auf Stroh mag hingegen vielleicht eine aus der Not der Flucht heraus geborene Idee des Bäckergesellen gewesen sein.

Beliebt gemacht hat die Strohsemmel vor allem ihre lange Haltbarkeit. In hübschen Dosen verpackt wird sie heute auch ins Ausland – „oft bis nach Übersee" – exportiert. In Lippe verzehrt man sie in der Regel mit Butter, bisweilen auch mit Schinken oder lippischer Mettwurst.

Lemgoer Strohsemmeln

500 g gutes, helles Weizenmehl
40 g Hefe
1 TL Zucker
1/2 Tasse lauwarmes Wasser
1/2 l lauwarmes Wasser
1 EL Zucker
1 EL Salz
Mehl zum Bestäuben
1 l kochendes Wasser
1 Tasse heißes Wasser
Weizenstroh

Die zerbröselte Hefe wird mit dem Teelöffel Zucker in einer halben Tasse mit lauwarmem Wasser aufgelöst. Dann wird das Mehl in eine Backschüssel gesiebt und die aufgelöste Hefe in eine Vertiefung in der Mitte des Mehls gegossen und mit dem Mehl vermengt.

Nach und nach werden Wasser, Salz und Zucker hinzugeschüttet und gut untergearbeitet. Der Teig wird dann gründlich durchgearbeitet. Danach läßt man ihn – zugedeckt und warm gestellt – etwa eine halbe Stunde lang gehen. Wenn sich das Volumen des Teiges ungefähr verdoppelt hat, wird er nochmals kurz durchgeknetet, rundgewirkt und zu einer langen Rolle geformt.

Dann werden von dieser Rolle fünfzehn etwa 50 g schwere Teigstücke geschnitten und rund gewirkt. Diese läßt man vier bis fünf Minuten angehen, drückt sie flach und sticht sie mit einer Gabel an. Danach läßt man sie eine Viertelstunde warm gestellt ruhen. Inzwischen hat man das Wasser zum Kochen gebracht, ein heißes Backblech mit Weizenstroh belegt und mit etwas Mehl bestäubt. Nun werden die Teigstücke in das Wasser getaucht und dann mit dem Schluß nach unten auf das Stroh gelegt.

Das Blech kann nun in den Ofen (mittlere Schiene) geschoben werden. Man gießt noch eine Tasse heißes Wasser vorsichtig auf die Bodenplatte und schließt die Ofenklappe. Nun werden die Strohsemmeln im Wasserschwaden bei einer Temperatur von etwa 220 °C 25 bis 30 Minuten abgebacken. Infolge des Abbackens auf Stroh hat das Gebäck keine Unterkruste. Die Oberfläche ist braun, der Boden hell. Die Semmeln lassen sich nach dem Backen vom Stroh abheben. Etwaige Strohreste sind leicht zu entfernen.

Die zartweiche Gebäckbeschaffenheit, die durch das Tauchen verursacht wird, gewährleistet eine lange Frischhaltung. Hochglanz erhält man, indem man die Semmeln nach dem Backen mit Wasser oder – noch besser – mit einem Stärkekleister überstreicht.

Strohsemmeln werden gerne mit Butter, Schinken oder lippischer Mettwurst gegessen.

Hedewittken

500 g Mehl
20 g Hefe
250 g angewärmte Butter oder Margarine
2 Eier
65 g Zucker
¼ l Milch
125 g Rosinen
etwas Salz, Zimt und Kardamom

Aus den angegebenen Zutaten wird ein Hefeteig geknetet. Diesen läßt man – warm gestellt – etwa zwei Stunden gehen. Danach wird er nochmals kurz durchgeknetet. Dann wird der Teig etwa 3 cm dick ausgerollt. Mit einem Wasserglas werden runde Wecken ausgestochen. Diese werden dann auf ein gut eingefettetes Backblech gelegt. Dort läßt man sie nochmals 30 Minuten gehen. Dann bestreicht man sie mit verquirltem Eigelb und backt sie bei mittlerer Hitze goldgelb.
Hedewittken sollten möglichst ofenfrisch verzehrt werden.

Lagenser Eiserkuchen

250 g Weizenmehl
250 g Zucker
⅜ l Wasser
2 Eier
70 g Butter
1 Päckchen Vanillezucker

Die Butter wird schaumig gerührt. Dann werden nach und nach der Zucker, der Vanillezucker und die Eier hinzugegeben. Das gesiebte Mehl wird mit dem Wasser untergerührt. Es wird soviel Wasser verwendet, daß der Teig ziemlich dünn ist.
Dann wird nicht zuviel Teig in ein gut erhitztes und gefettetes Spezial-Eiserkucheneisen gefüllt und von beiden Seiten goldbraun gebacken. Die Blätter werden schnell aus dem Eisen gelöst und noch heiß zu Röllchen oder Tüten gewickelt. Damit die Eiserkuchen knusprig bleiben, sollten sie in gut schließenden Dosen aufbewahrt werden.
Eiserkuchen werden gern mit Schlagsahne gefüllt serviert.

Blomberger Waffeln

100 g Butter
70 g Mehl
8 Eier
¼ l süße Sahne
½ l saure Sahne
etwas Zucker

Die Butter wird schaumig gerührt, mit Eigelb, Mehl, der süßen und der sauren Sahne verrührt. Zuletzt wird der Schnee der Eier untergehoben. Die Waffelform wird mit einer Speckschwarte bestrichen, der Teig dann in nicht zu großen Mengen in einem gut erhitzten Waffeleisen von beiden Seiten goldbraun gebacken. Man läßt die Waffeln erkalten. Dann werden sie mit Zucker bestreut und möglichst frisch gegessen.

Heidenoldendorfer Zwieback

Vorteig:
1 kg Weizenmehl
125 g Hefe
etwas warme Milch

Hauptteig:
1 kg Mehl
500 g Butter
500 g Zucker
6 Eigelb
50 g Salz
das Abgeriebene von 2 Zitronen
1 MS Muskatblüte
warme Milch

Zunächst wird ein Ansatz aus den Zutaten des Vorteiges bereitet. Ist dieser nach etwa einer halben Stunde genügend aufgegangen, werden die Zutaten des Hauptteiges mit so viel warmer Milch hinzugearbeitet, daß der Teig nicht zu fest in seiner Form gehalten ist. Wie jeder Hefeteig wird er nun glatt gearbeitet. Nach etwa einer Stunde macht man aus dem Teig eine Rolle, schneidet Stücke ab, rollt diese länglich aus, setzt die Rollen dicht nebeneinander in eine gut eingefettete Form oder auf ein Blech, läßt den Teig nochmals gehen und backt ihn dann bei ca. 220 °C etwa $^{3}/_{4}$ Stunden aus. Am nächsten Tag schneidet man 1 cm starke Scheiben, die dann auf beiden Seiten geröstet werden. Vor dem Rösten kann man die Scheiben nach Belieben in Zucker und Vanille oder Zucker und Zimt wenden.

Zwiebackglasur

4 Eiweiß
300 g Puderzucker
1 Päckchen Vanille

Das Eiweiß wird zu steifem Schnee geschlagen und dann mit Puderzucker und Vanille schaumig gerührt. Danach werden die Zwiebackschnitten damit bestrichen und bei etwa 100 °C hellgelb überbacken.

Lippische Stutenkerle

300 g Mehl
25 g Hefe
1/8 l lauwarme Milch
80 g Zucker
1 Prise Salz
80 g weiche Butter
2 Eigelb
1 MS Safran
Rosinen oder Korinthen
Tonpfeifen

Aus den angegebenen Zutaten (ausschließlich Rosinen und Tonpfeifen!!) wird ein Hefeteig geknetet. Den Teig läßt man gehen und rollt ihn dann aus. Aus genügend großen Teigstücken werden dann Männerfiguren ausgeschnitten (etwa 30 bis 35 cm groß). Beine und Arme entstehen mit drei Messerschnitten. Die Figuren werden auf ein gut eingefettetes Backblech gelegt und mit Eigelb bestrichen. Korinthen oder Rosinen werden als Augen und Knöpfe eingedrückt. Dann läßt man den Teig noch etwas gehen, bevor man ihn bei mittlerer Hitze hellbraun backt.

Lippischer Butterkuchen

Teig:
500 g gut gewärmtes Mehl
170 g Butter
65 g Zucker
35 g Hefe
1/8 l lauwarme Milch
2 Eier
1 MS Salz
1/4 Zitronenscheibe

Belag:
2 EL Zitronat
60 g Butter
175 g Zucker
1/2 TL Zimt
70 g gehackte Mandeln
1 Päckchen Vanillinzucker

In die Mitte des Mehls macht man ein Loch, in welchem mit der Hälfte der Milch die Hefe angerührt wird. Wenn die Masse gehörig gegangen ist (ca. 25 Minuten), gibt man die mit Zucker und Salz geschlagenen Eier, die abgeriebene Zitronenschale, die flüssige, aber nicht heiße Butter und den Rest der Milch hinzu. Das Ganze vermischt man zu einem Teig und schlägt ihn, bis er Blasen wirft. Den Teig läßt man dann nochmals etwa eine Stunde gehen. Der Teig wird nochmals gut durchgeknetet und dann auf einem mit einer Speckschwarte eingestrichenen Backblech ausgerollt.

Dann setzt man das Fett in kleinen Flöckchen gleichmäßig auf den Teig

oder streicht es zerlassen darauf. Man bestreut den Teig mit Zitronat, Zucker, Zimt und Mandeln, läßt ihn nochmals gehen und backt ihn bei 200 °C etwa 20 Minuten. Nach dem Backen wird der Kuchen nochmals gebuttert und mit Vanillinzucker bestreut.
Ganz frisch schmeckt der Butterkuchen am besten. Um ihn aufzufrischen, was recht gut geht, setze man ihn vor dem Verzehr nochmals für einige Minuten in einen recht heißen Ofen. Der Butterkuchen wird gewöhnlich in zweifingerbreite und dreimal so lange Stücke geschnitten.

Streuselkuchen

Teig:
Hefeteig wie beim Butterkuchen

Streusel:
150 g Butter
200 g Mehl
150 g Zucker
1 Päckchen Vanillinzucker

Die Zutaten für die Streusel werden zu einer festen Masse angewirkt, durch ein groblöchriges Sieb gedrückt und zum Absteifen kalt gestellt. Der Hefeteig wird etwa $^1/_2$ cm stark ausgerollt und auf ein gefettetes Blech gelegt. Die Oberfläche bestreicht man mit Milch und gibt darauf eine etwa 7 mm hohe Schicht von Streuseln.
Der Kuchen wird bei Mittelhitze gebacken, nach dem Ausbacken mit aufgelöster Butter bestrichen und mit Vanillinzucker bestreut.

Apfelkuchen

Teig:
Hefeteig wie beim Butterkuchen

Belag:
1 bis 1$^1/_2$ kg Äpfel

Die Äpfel werden gewaschen, geschält, vom Kerngehäuse befreit und in dicke Scheiben geschnitten. Dann legt man sie gleichmäßig auf den Teig. Den Teig läßt man nochmals so lange an einem warmen Ort stehen, bis er etwa doppelt so hoch ist und backt ihn dann etwa 20 Minuten bei ca. 220 °C ab.
Nach dem Backen wird der etwas ausgekühlte Kuchen mit Zucker bestreut.

Zwetschgenkuchen

Teig:
Hefeteig wie beim Butterkuchen

Belag:
1 bis 1$^1/_2$ kg Zwetschgen

Die Zwetschgen werden gewaschen und entsteint und dann mit der Innenseite nach oben auf den Teig gelegt. Den Teig läßt man nochmals so lange an einem warmen Ort stehen, bis er etwa doppelt so hoch ist und backt ihn dann etwa 20 Minuten bei ca. 220 °C ab. Nach dem Backen wird der etwas ausgekühlte Kuchen mit Zucker bestreut.

Kartoffelplatenkuchen

1 kg fertiger Hefeteig
600 g gekochte Kartoffeln
400 g Sultaninen
etwas Milch
Zimtzucker, Zucker

Die durch ein Drahtsieb gedrückten Kartoffeln werden unter den Hefeteig gearbeitet; anschließend auch die Sultaninen. Den Teig rollt man etwa 5 mm stark aus, legt ihn auf ein Backblech, bestreicht ihn mit Milch und streut Zimtzucker darüber. Dann wird der Teig bei ca. 220 °C abgebacken. Nach dem Ausbacken wird er gut mit Butter bestrichen und mit Zucker bestreut.

Remmighauser Schokoladen-Napfkuchen

250 g Butter
250 g Zucker
1 Päckchen Vanillezucker
4 Eier
eine Prise Salz
400 g Weizenmehl
125 g Speisestärke
1 Päckchen Backpulver
1/8 l Milch
200 g bittere Schokoladensplitter

Die Butter wird schaumig gerührt und dann nach und nach Zucker, Vanillezucker, Eier und Salz hinzugegeben. Das mit Backpulver und Speisestärke gemischte und gesiebte Mehl wird mit der Milch untergerührt. Es wird nur so viel Milch verwendet, daß der Teig schwer vom Löffel fällt. Zuletzt werden die Schokoladensplitter unter den Teig gehoben. Der Teig wird in eine gefettete, mit Semmelbröseln ausgestreute Napfkuchenform gefüllt und bei etwa 180° bis 200 °C eine knappe Stunde ausgebacken.

Oerlinghauser Napfkuchen

500 g Weizenmehl
30 g Hefe
1 TL Zucker
1/5 l lauwarme Milch
150 g Zucker
1 Päckchen Vanillezucker
1/4 abgeriebene Zitronenschale
etwas Salz
2 Eier
125 g Butter
60 g gehackte Mandeln
150 g Rosinen
50 g Sukkade

Man rührt die Hefe und den Teelöffel Zucker mit 5 Teelöffeln von der Milch an. Dann wird das Mehl in eine Rührschüssel gesiebt, in der Mitte eine Ver-

tiefung eingedrückt, die aufgelöste Hefe hineingegeben und etwa ½ cm dick mit Mehl bestreut. Man gibt dann den Zucker, das Salz, die Eier, die abgeriebene Zitrone und die aufgelöste, warme Butter an den Rand des Mehls. Sobald das auf die Hefe gestreute Mehl stark rissig wird, verrührt man von der Mitte aus die Hefe mit dem Mehl und den übrigen Zutaten und gibt nach und nach so viel von der übrigen Milch hinzu, daß der Teig schwer vom Löffel fällt.
Den Teig schlägt man so lange, bis er Blasen wirft. Dann hebt man die Mandeln, die Rosinen und das Zitronat darunter und läßt den Teig an einem warmen Ort so lange stehen, bis er etwa doppelt so hoch ist. Der Teig wird nochmals gut durchgeknetet und in eine gut gefettete, mit Semmelmehl ausgestreute Napfkuchenform gefüllt. Den Teig läßt man dann nochmals so lange an einem warmen Ort stehen, bis er etwa um die Hälfte höher ist. Er wird bei 200 °C unten im Backofen ca. 50 Minuten abgebacken.

Rübensaftkuchen aus Wöbbel

500 g Mehl
250 g Zucker
½ l Rübensaft
¼ l Kaffee
1 Päckchen Backpulver
2 EL Speiseöl

Das Mehl wird mit dem Zucker und dem Backpulver vermischt. Dann wird es nach und nach mit dem Kaffee und dem Rübensaft verrührt. Schließlich wird das Speiseöl untergemischt. Der Teig muß steif sein.
Der Teig wird in eine gefettete, mit Semmelbröseln ausgestreute Napfkuchenform gefüllt und bei etwa 180 ° bis 200 °C etwa eine Stunde ausgebacken.

Hornsche Krengel

375 g Mehl
375 g Butter
1 Ei
3 EL Wasser

Von diesen Zutaten wird ein Teig gemacht und hiervon Krengel gedreht. Diese werden sodann mit Eiweiß bestrichen und mit Zucker und Zimt bestreut. Anschließend werden die Krengel bei gelinder Hitze gebacken.

Lippischer Stuten

500 g Mehl
50 g Fett
1 TL Salz
2 TL Zucker
30 g Hefe
$^1/_2$ l lauwarme Milch

Man rührt die Hefe und den Zucker mit 5 Eßlöffeln der lauwarmen Milch an. $^2/_3$ des Mehls werden sodann in eine Rührschüssel gesiebt, in die Mitte wird eine Vertiefung eingedrückt, die aufgelöste Hefe hineingegeben und diese etwa $^1/_2$ cm dick mit Mehl bestreut. Man gibt den Zucker, das Salz und das aufgelöste, lauwarme Fett an den Rand des Mehls. Sobald das auf die Hefe gestreute Mehl stark rissig wird, verrührt man von der Mitte aus die Hefe mit dem Mehl und den übrigen Zutaten und gibt nach und nach die übrige Milch hinzu. Dann wird der Teig so lange geschlagen, bis er Blasen wirft. Anschließend wird das restliche Mehl daruntergeknetet. Sollte der Teig kleben, gibt man noch etwas Mehl hinzu.

Der Teig wird an einem warmen Ort so lange stehen gelassen, bis er etwa doppelt so hoch ist. Dann wird er nochmals gut durchgeknetet.

Den Teig formt man zu einem länglichen Brot und gibt ihn in eine gut eingefettete Kastenform. Dann wird der Kasten mit einem Tuch abgedeckt und zum Aufgehen wieder an einen warmen Ort gestellt. Die obere Seite des Teiges schneidet man in der Mitte der Länge nach etwas ein, bestreicht sie mit verdünntem Eigelb und backt das Brot dann bei ca. 200 °C etwa 50 Minuten. Nach dem Backen bestreicht man den Stuten mit etwas Milch oder Wasser, damit er schön glänzt.

Den Stutenteig kann man nach Belieben mit 100 g Rosinen oder Korinthen verfeinern.

Karl Vogtmeiers Vollkornbrot

1500 bis 1700 g mittelgrobes Roggenschrot
1 l lauwarmes Wasser (30 ° bis 40 °C)
etwa 5 g Salz (nach Geschmack)
40 bis 60 g Hefe

Man setzt $^1/_3$ der Mehlmenge zu einem weichen Sauerteig an. Diesen läßt man – mit einem Tuch abgedeckt – 6 bis 8 Stunden warm stehen. Dies dient der Geschmacksbildung und Lockerung. Sodann wird das restliche Mehl mit warmem Wasser überbrüht und dann mit einem Holzlöffel verrührt. Die gebrühte Masse läßt man bis zur Teigbereitung stehen. Das Salz kann auch jetzt schon zugegeben werden. Nach etwa 6 bis 8 Stunden wird der Gesamtteig gut mit der verkrümelten Hefe verknetet. Den Teig hält man mittelfest, da das Schrot noch nachsteift.

Sodann wird dieser Teig in 1500 g Teile gewogen. Die Teiglinge legt man in gut mit Tafelöl eingefettete Kästen. Diese bleiben nochmals an einem warmen Ort $1^1/_2$ bis 2 Stunden stehen. Die Kästen müssen zu etwa $^3/_4$ mit dem Teig gefüllt sein und beim Schieben in den Ofen etwa die Oberkante der Kästen erreicht haben. Sodann werden die Brote bei 220 bis 230 °C $1^1/_2$ Stunden gebacken.

Welche Brodzusätze hat man zu benutzen angefangen?

Jede theure Zeit ist reich an Erfindungen und Versuchen, um dem Mangel abzuhelfen, und sich statt des fehlenden Materials zum Brod Surrogate zu verschaffen. Das verflossene Jahr ist hier im Lande von dieser Seite wohl das erste, in welchem in so vielen Haushaltungen Versuche dieser Art angestellt worden sind. Der Ueberschlag in jedem Haushalt zeigte bald, daß es an Korn zum Verbacken mangeln werde, daß man damit nicht wieder bis zur Erndte reiche. Man wurde aufmerksam gemacht, daß man die Kartoffeln sehr gut gebrauchen könne, um die Masse des Mehls zu vermehren. Hatte man zwar vorher noch keine Versuche dieser Art angestellt; so war doch so vielen aus Benutzung derselben zu Stärke bekannt, wie mehlreich sie sind, und welch ein gutes Mehl sich daraus bereiten lasse. Es fand darum dieser Vorschlag bald allgemein Eingang. Es theilte sich der Unterricht von der Art der Zubereitung schnell von Familie zu Familie mit. Man kann jetzt überall im Lande eine solche Bekanntschaft damit voraussetzen, daß es hier darüber keiner weitern Anweisung bedarf. Jeder, der den Versuch machte, freuete sich des wohlaussehenden, wohlschmeckenden gesunden Brods. Die großen Vorräthe von Kartoffeln, die in den meisten Haushaltungen waren, beförderten es desto mehr, daß, wenn man sonst gleich etwas langsam zu neuen Versuchen schreitet, von dieser Seite eine baldige allgemeine Ausbreitung dieses Versuchs Statt fand. Bey dem mit jedem Jahr zunehmenden Anbau der Kartoffeln läßt sich also mit Grund erwarten, daß in der Summe von Korn ein Beträchtliches im Lande erspart werde. Würde man dieselben kochen und auf die mancherley gewöhnlichen Arten der Zubereitung genießen, so würde auf diese Art derselbe Zweck des Sattwerdens erreicht werden. Man würde aber derselben mehr überdrüssig werden. Als Zusatz zu dem den Menschen unentbehrlichen Brod läßt sich dieses nicht fürchten. Freuen wird sich darum jeder, daß bey zunehmenden Anbau dieser so nützlichen Frucht, deren Ertrag vielfältiger ist, als irgend einer Kornart, mehrere Wohlfeilheit des Brods bewirkt werden muß. Man kann indes nicht blos die Kartoffeln als Zusatz zum Brod gebrauchen, sondern auch Runkelrüben, Steckrüben und gewöhnliche Rüben, besonders Teltauer. Die Art der Zubereitung ist fast dieselbe, wie die der Kartoffeln. Von diesen leztern Zusätzen geben ohnstreitig die Runkelrüben den besten Zusatz ab. Das Brod, welches Zusatz davon hat, behält einen angenehmen Geschmack. Da Runkelrüben sich so gut das ganze Jahr durch erhalten; so hat man diesen Zusatz auch zu jeder Jahrszeit.

Fürstlich-lippischer Calender, 1806

Lippische Bierkrüge aus dem 18. Jahrhundert

Die beliebtesten Getränke der Lipper

„Das allgemeine süße Wasser, wenn es getrunken wird, stärket den Leib und erhält ihn munter, löschet den Durst, widersteht der Verwesung, befördert die Verdauung, erhält das Geblüt flüssig, mildert die Schärfe und führt solche auf die angenehmste Weise aus dem menschlichen Körper aus, wodurch derselbe für drohende Gefahren gesichert wird. Noch nie ist das Wasser (...) eine Krankheits-Ursach geworden, und eben daher kan auch kein Getränk der menschlichen Gesundheit zuträglicher seyn, als das algemeine Wasser." So enthusiastisch äußert sich im Jahre 1771 ein Anonymus in den „Lippischen Intelligenzblättern" über das Wassertrinken. In der Tat gab und gibt es in Lippe neben dem allgemeinen Trinkwasser eine Reihe guter Mineralwasser, die den zahlreichen Gästen in den lippischen Kurbädern Bad Meinberg und Bad Salzuflen zur Erhaltung bzw. Wiedererlangung ihrer Gesundheit hilfreich sein können.

Man sollte meinen, daß auch der Lipper selbst – schon aus Gründen seiner sprichwörtlichen Sparsamkeit – das „algemeine Wasser" als Getränk besonders zu schätzen weiß. Es gibt jedoch mindestens drei Getränke, die man in Lippe von alters her dem Wasser vorzieht: den Branntwein, den Kaffee und das Bier.

Vor allem dem Branntwein haben die Lipper (auch) früher (schon) sehr stark zugesprochen. Man kann ihn fast als eine Art „Nationalgetränk" der Lipper bezeichnen. „Branntweinsblasen" waren in fast allen Dörfern in Betrieb. Schon zum Frühstück und zum Vesperbrot gehörte ein Schnaps und selbst in der Kirche hatten viele Lipper ihren geliebten Schnaps immer zur Hand. Zu Beginn des 18. Jahrhunderts war der Branntweinverbrauch im Lande so stark angestiegen, daß der damalige Regierende Graf und Edle Herr zur Lippe, Friedrich Adolph, sich höchstpersönlich gezwungen fühlte, einzugreifen. Hatte er doch im Jahre 1710 „höchst misfällig vernommen, daß, obwol der Brantewein nicht anders denn eine Arzenei zu consideriren und zu gebrauchen, dennoch ein guter Theil von Unseren Unterthanen dessen Gesöf dergestalt ergeben, daß man davon fast täglich die Krüge und den Branteweinschenken angefüllt siehet, und selbst der Tag des Herrn deshalb nicht verschonet bleibet, wodurch es dann geschiehet, daß die Säufer eines Theils durch solch hitziges Getränk ihre Leibesconstitution, Gesundheit und Verstand ruiniren, daneben von ihrer Handtierung und Geschäften abgehalten, ja gar dazu untüchtig gemacht, mithin um ihre zeitliche Wolfahrt und an den Bettelstab gebracht werden, und daß sie andern Theils am Tage des Herrn den Gottesdienst entweder gänzlich versäumen oder dabei sich nicht eher einfinden, als wenn derselbe guten Theils, wenigstens der Gesang vorbei, und sie

immittelst wohl besoffen, und in den Stand gerathen sind, daß sie Von Gott und seinem Worte weniger denn nichts zu begreifen vermögen.“
Aus dem Umstand, daß auch in den folgenden Jahren immer wieder Verordnungen wegen des „Saufens“ (1711), der „Saufgelage“ (1716) und der „Volsäuferei“ (1767) erlassen werden mußten, läßt sich schließen, daß den trinkfreudigen Lippern der Spaß an ihrem Schnaps nicht so leicht zu verderben war. Und dies, obwohl die Strafen, die der „Sauf- und Zechbruder“ zu vergegenwärtigen hatte, immer mehr verschärft wurden. War der fröhliche lippische Zechbruder, der sich im Jahre

Verordnung wegen der Saufgelage, von 1716.

Nachdem des Hochgebornen unsers gnädigsten Herrn Hochgräflich. Gnaden misfällig vernommen, wasmaßen dero mehrmalen insonderheit am 27 März 1710 ergangene heilsame Verordnung wegen der an dem Tag des Herrn, wie insgemein, verbotenen Schwelg- und Volsauferei, als auch insbesondere der Branteweinsgelage halber von denen Wirthen, Krügern und Gästen nicht nur sondern auch von denen Magistraten, Richtern und Beamten so gar außer Acht gesetzet, daß ohne einige Visitation am Tage des Herrn vor und unter dem Gottesdienste Wein- Bier- und Branteweinsgäste öffentlich geduldet, und das Gesöf öfters in die späte Nacht verzogen werde, solchem ärgerlich und sündlichen Unwesen aber nachzusehen nicht gemeinet: So wird Namens Hochgedachter Sr. Hochgräfl. Gnaden denen sämtlichen Drosten und Beamten auf dem Lande, wie auch Magistraten und Richtern in denen Städten bei wilkürlicher Strafe hierdurch abereins alles Ernstes anbefohlen, über vorgedachtes Edict, welches nochmalen in den Städten an den Rathhäusern und auf dem platten Lande an den Krügen anzuschlagen verordnet, pflichtmäßig zu halten und des Endes die Krüge und Branteweinsschenken öfters visitiren zu lassen und sowol die contraveniirende Wirthe als die Gäste ohne Ansehen der Personen gehörigen Orts zu behöriger Bestrafung zu denunciiren. Wornach sich männiglichen zu richten und vor Schaden zu hüten. Signatum Detmold den 6 November 1716.

Gräfl. Lipp. zur Regierungs-Canzlei verordnete
Präsident und Räthe daselbst.

1710 bei einem „Branteweinsgelage" erwischen ließ, noch mit der sofortigen Zahlung eines Goldguldens davongekommen, so drohte ihm ein Jahr später schon eine wesentlich empfindlichere Strafe. Hatte der verärgerte Souverän doch verfügt, „daß, wenn jemand in Krügen nach dem Zapfenstreich sich befinden (...) möchte, derselbe nicht weniger als der Wirth, so solches zugegeben, ohne einiges Nachsehen auf 4 Wochen in der Karre zu schieben condemniret werden sollen". Im Jahre 1767 forderte der gestrenge Simon August seine Beamten gar auf, die „Säufer und Trunkenbolde (...) vor sich zu fordern und von ihrem unordentlichen Leben ab- und zur Besserung anzumahnen, bei nicht erfolgter Wirkung dieses denselben bei Wasser und Brod einthürnen, und bei noch nicht verspürter Besserung den Trunkenbold auf einen Sonntag an den Pfahl stellen zu lassen, und im Fal auch dieses nicht fruchten wil, selbigen samt einem umständlichen Bericht zum Zuchthaus einzuschikken." Noch heute kann man im Detmolder Landesmuseum den Schandpfahl besichtigen, an den die unbelehrbaren Schlänger Säufer damals gestellt wurden. Auch der „Säuferklotz", den man den Delinquenten in Blomberg umhängte, ist dort noch zu besichtigen.

Der Branntwein wurde in Lippe meist von Roggen, nur selten von Weizen und Gerste gebrannt. In Notzeiten, in denen „Mangel an Brodkorn" drohte, wurde das „Korn-Branteweinbrennen" in Lippe zeitweise auch gänzlich verboten. Besonders bedürftigen Untertanen wollte der Souverän den Schnapshahn aber auch in diesen schweren Zeiten nicht völlig zudrehen. Und so verfügte er in herrschaftlicher Güte: „Gleich wie Wir Uns aber dabei gnädigst erinnern, daß der Gebrauch des Branteweins bei einigen ihrer Leibesconstitution nach als eine Medicin unentbehrlich fält, und von vielen die sich daran gewöhnet, nicht wohl auf einmal und gänzlich zu abandoniren stehet; als wollen Wir die Versehung thun, daß anderwärts guter Brantewein angeschaffet und an gewisse Oerter, namentlich in Unseren Städten Lemgo, Blomberg und Detmold niedergelegt werde".

Der Säuferklotz aus Blomberg

Die lippischen Untertanen, die sich von Zeit zu Zeit *geern eunen achter de Binnen süppten,* wußten sich allerdings auch anders zu helfen; hatten sie doch längst entdeckt, daß sich ein schmackhafter Schnaps nicht nur aus Roggen, Weizen und Gerste brennen läßt. So brauten sie ihren Schnaps in Zeiten des Kornmangels aus fast allem, dessen sie habhaft werden

Vom Nutzen der Ebereschenbeeren zum Brantwein.

Den Nutzen dieses Baums zum Brandweinbrennen kann ich durch folgende Erfahrung bestätigen. Ich ließ vor einigen Jahren, bey zeitlich eingefallenem Frost, alles abgefallne wilde Obst unter den Bäumen auflesen, hierzu die vor dem Frost bewahrt gebliebene Ebereschen abpflücken, und alles zusammen stampfen, that es sodann in Fässer, ließ es in sich selbst fermentiren, goß eine Quantität Biereßig darzu, um es zur zweiten Gährung zu bringen, nahm auch auf Anrathen eines guten Freundes etwas Malzschroot hinein, weil solches es lockerer in der Blase erhielt, und gewann dadurch einen Brantewein, welcher dem Franzbrantewein nichts nachgab, wobey ich anmerkte, daß dessen Stärke und Feuer besonders von den Ebereschen herrührte.

Lippische Intelligenzblätter, 1785

konnten: aus Zitronen, Äpfeln – „sogar von Holzäpfeln“ –, Ebereschenbeeren und – seit sie sich endlich daran gewöhnt hatten – vor allem auch aus Kartoffeln. Nicht wenige lippische Schnapstrinker schwörten darauf, daß man sich mit Kartoffelschnaps besonders gut *eunen mülmern* konnte. In den „Lippischen Intelligenzblättern“ des Jahres 1806 findet sich gar eine „Anweisung, aus Zwetschen einen sehr guten Branntwein zu verfertigen, der in Mähren unter dem Namen Sliwowicza oder Zwetschen-Branntwein sehr häufig getrunken wird“. Im Jahre 1790 hatte ein besonders findiger Kopf in derselben Zeitung bereits über ein weiteres „Substitut für Korn, um daraus Brantewein in beträchtlicher Quantität mit Vortheil zu brennen“ nachgedacht und war dabei auf die „wohlfeile, gesunde und bey uns leicht fortkommende und daher überall leicht zu habende“ gelbe Rübe – auch Mohrrübe genannt – gestoßen.

Mohrrüben-Branntwein

Die aus dem Acker im Herbst ausgegrabenen frischen Möhren, wogen, nach abgeschlagenem und abgeschütteltem gröbsten Schmutze 2112 Pfund. Nachdem man sie auf einer Tenne oder Boden oder unter einem luftigen Schoppen, drei Tage lang hatte bewelken lassen, hatten sie am Gewichte etwas verlohren, und man schnitt nun von den Wurzeln die dünnen Spitzen und Fasern und das grüne Kraut ab und kochte diese ganze Quantität Möhren mit 216 Quart frischen Flußwassers etwa drei Stunden lang zu einem Brey, indem man die mürbe gekochten Möhren mit einem großen Holze im Kessel zerrieb.

Nun ward aus den Möhren der Saft gepreßt, und dieser Saft nebst der Brühe, darin man die Möhren gekocht hatte, mit etwas Hopfen gekocht, und nach fünfstündigem Kochen ins Kühlfaß ge-

than. Nachdem diese Brühe bis zum 66ten Grade von Fahrenheits Wärmemesser Thermometer abgekühlt war, gab man der ganzen Menge 6 Quart Gäst oder Hefen. Es gohr in einem mäßig warmen Zimmer 48 Stunden lang und war nun bis auf den 58ten Grad abgekühlt, da denn die Hefen zu Boden fielen. Hierauf nahm man 48 Quart an noch ungegohrenem Möhrensaft von derselben Bereitung, erwärmte dieselbe, und goß sie in die bereits gegohrene Möhrenbrühe; da sie abermals bis auf 66 Grade stieg, und von neuem anfing 24 Stunden lang zu göhren, und als sie nun auf 58 Grade wiederum gefallen und die Hefen zu Boden gesunken waren, faßte man alles auf 4 halbe Orhöfte: welche Operation eine neue Gährung während drei Tagen auf den Fässern zu Wege brachte. So lange die Gährung vor sich gieng, mußte die Luft im Brauhause auf dem 45ten und 46ten Grade von Wärme erhalten werden, weshalb man bey zu kalter äußerer Witterung, diesen Grad von Wärme durch Heizen zu erhalten suchte. Diese gegohrene Flüssigkeit distillirte man, und sie lieferte 200 Quart Vorbrand, welcher nach einem nochmaligen Überziehen 48 Quart starken Spiritus lieferte. Welches gewiß eine sehr ansehnliche Quantität ist.

Folgende Rezepte für „Branntwein" finden sich in den „Lippischen Intelligenzblättern" des Jahres 1773:

Kartoffel-Branntwein

Es wurden 16 Maaß Erdäpfel mit Wasser gekocht, und die flüssige Materie ward so lange bearbeitet, bis alles zum zähen Teige wurde. Dieser wurde mit kochendem Wasser zu einer dünnen Brühe und dann zur Gährung gebracht, welche wohl von statten gieng, und wie der Saft im dritten Tage distillirt wurde, ein halbes Maaß guten Branntewein gab. Die Erdäpfel setzten oder brannten in dem Boden der Kolbe nicht fest, wie man wohl hätte vermuten sollen.

Apfel-Branntwein

Es kann aus allen Sorten von Äpfeln, auch sogar von Holzäpfeln Brantewein gebrannt werden. Zu einer Scheffelblase nimmt man 3 Scheffel Äpfel. Diese stoßet man mit einer Stampfe. Hernach werden sie mit einem breiten runden Stück Pfoste, worinnen ein Stiel mit einem Handgriff befestigt ist, zu Mus gequetscht. Denn je kleiner die Masse ist, desto besser ist sie. Diese Arbeit beschäftigt eine Person fast einen halben Tag. Hernach bringt man dies Apfelmus ins Meschfaß, gießt lauwarmes Wasser, in welchem man noch die Hand halten kann, zu, und zwar so viel als zu 3 Blasen nöthig ist, daß also aus diesen und den Ingredientien 4 Blasen werden. Je nachdem nun die Witterung kalt oder warm ist, so bleibt es 3 bis 4 Tage im Meschfasse, mit dem Deckel und über dieses noch mit einer besonderen Bedeckung verwahret, stehen. Ist die Gährung gut, so schreitet man zum Brennen, welches auf gewöhnliche Art verrichtet wird. Obige 3 Scheffel Äpfel geeben 7 bis 8 Kannen recht guten Branntewein, welches aber hauptsächlich auf die Gährung und die Zeit der Saturation ankommt. Denn wenn man dabei den Punkt nicht recht trifft: so kriegt man nicht so viel. Wenn man aber hinter dieses Geheimnis kommen wird: so wird man zuverlässig von einem Scheffel Äpfel auf 3 Kannen guten Branntewein bekommen, nur ist zu merken, daß saure Äpfel allerdings weniger geben, als gute Äpfel.

Immer wieder machten sich findige Lipper Gedanken darüber, wie das Branntweinbrennen – „bekanntlich ein bedeutender Nahrungszweig für die Bewohner unserer Gegend“ – noch weiter vervollkommnet werden könnte. Vor allem der „müffige Geschmack“, den der Branntwein oft annahm, wenn er von verdorbenem, „mulstrigen“ Korn gebrannt worden war, beschäftigte die Fachleute.

Während sich also die einen den Kopf darüber zerbrachen, wie „das lippische Nationalgetränk“ Branntwein noch weiter verbessert werden könnte, überlegten andere Zeitgenossen, wie der Genuß dieses „in unserer Gegend leider so beliebte, und fast zum unentbehrlichen Bedürfnis gewordenen Getränks“ völlig unterbunden werden könnte. Um 1840 kam es auch in Lippe zur Gründung sogenannter „Mäßigkeitsvereine“, die die Forderung des Branntweinverzichtes auf ihre Fahnen schrieben. In einem Aufruf im „Lippischen Kalender“ von 1842 werden die Ziele der Mäßigkeitsvereine, die ihren Ursprung in den pietistischen Strömungen dieser Zeit hatten, so beschrieben: „Die Mitglieder dieser Vereine verbinden sich dazu, die Einsicht von den verderblichen Folgen, welche die Gewöhnung an den Branntewein nach sich zieht, immer weiter zu verbreiten, durch Ermahnung und

Es wird das geschrotene Getreide und Malz auf die gewöhnliche Weise mit Wasser eingemengt, mit Hefen vermischt, und nach Beendigung der geistigen Gährung auf die Blase gebracht und abgetrieben. Ist das hiezu angewandte Getreide müffig, mulstrig oder stickig gewesen: so wird das Destillat (Mutter) ebenfalls müffig seyn. In diesem Falle wird dasselbe über frisch ausgeglühete und gepülverte Holzkohlen destillirt. Das hiebey zu beobachtende Verhältniß ist, daß man zu einer Quantität Mutter, von welcher man einen Ohm (108 Maaß) Brantwein zu erhalten pflegt, einen Scheffel Holzkohlen nimmt. Man wird dann einen Brantwein erhalten, der nur nicht allein nicht müffig, sondern sehr wohlschmeckend und dem Franzbrantwein ähnlich ist.

Lippische Intelligenzblätter, 1806

Beispiel der Mäßigkeit bei ihren Bekannten zu fördern, und zur Vollziehung der heilsamen, für ihren Zweck erlassenen obrigkeitlichen Verordnungen nach Vermögen beizutragen. Solche Vereine haben sich auch im Lippischen gebildet, der erste in Salzuflen vor einigen Jahren, andere in Oesterholz, Horn, Meinberg, Detmold, Langenholzhausen und vielleicht noch an anderen Orten. Im Wesentlichen stimmen diese Vereine in ihren Grundsätzen überein, indem sie von allen Theilnehmern fordern, daß sie sich den Genuß des Brannteweins nur in solchen Fällen gestatten, wo er als ein Schutzmittel für die Gesundheit auch von Aerzten anerkannt ist; und daß der Genuß des Weines und Bieres bei festlichen Gelegenheiten auf das Maß beschränkt bleibe, welches Fröhlichkeit aber nicht Trunkenheit hervorbringt."

Den Bestrebungen der Mäßigkeitsvereine sehr entgegen kamen natürlich Warnungen vor in Branntweinen enthaltenen Giften, wie sie von Zeit zu Zeit in lippischen Zeitungen veröffentlicht wurden. So wurde beispielsweise schon 1782 in einem längeren Zeitungsartikel ausdrücklich davor gewarnt, daß „in vielen Branteweinen Kupfer enthalten (sei), welches, wie bekannt, in jeder Gestalt Gift ist, und alle jene, so wohl schnelle als langsame traurige Wirkungen hervorbringt, die wir von Giften zu sehen gewohnt sind".

Natürlich gab es auch ganz andere Meinungen: Der Amtsrat Hermann Krücke zum Beispiel, der als Begründer des Schlänger Marktes gilt, sah die Wirkung des Branntweins auf die Gesundheit des Zechers wesentlich günstiger. Zum Lobe des „reinen Kornbranntweins", der also nicht mit Alaun, spanischem Pfeffer oder den betäubenden Kuckels-Körnern des Kalks oder anderen, der Gesundheit nachteiligen Dingen angesetzt ist, hielt er 1802 in einem gutachterlichen Bericht an die Hochfürstliche Kammer in der Residenz Detmold fest: „So nachteilig der Branntwein allen denen ist, welche reizbare Nerven haben, Kopfarbeit verrichten müssen und eine sitzende Lebensart führen, so sehr bin ich davon überzeugt, daß ein reiner Kornbranntwein, bei schwerer Körperarbeit, mäßig getrunken, nicht nur nicht schadet, sondern vielmehr den Körper hebt und stärkt. Wenn unser Landmann bei den größtenteils schweren landwirtschaftlichen Arbeiten in der freien Luft, vorzüglich zur Zeit der Ernte, seine Nerven abgestumpft hat, alsdann ist ihm ein Glas guter, reiner Kornbranntwein gewiß eine wahre Stärkung und schadet seiner Gesundheit nicht, sondern verlängert vielmehr sein Leben."

Ob er dieses erstaunlich positive Gutachten wohl in Kenntnis der bereits 1778 verfaßten hochwissenschaftlichen „Physisch-Medizinischen Abhandlung vom Brandtwein vor der Mahlzeit" verfaßt hat, in der auf vielen Seiten eindeutig belegt wird, „daß das vor der Mahlzeit sehr übliche Brandtweintrinken äußerst schädlich, der Gesundheit höchst nachtheilig und eine Quelle vieler beschwerlicher Krankheiten" ist?

Wie dem auch sei, ob schädlich oder nicht: Die Produktionsmengen der Brennereien in Lippe waren trotz aller Warnungen vor dem übermäßigen Branntweingenuß im 19. Jahrhundert so hoch, daß sie auch den trinkfestesten Leser noch beeindrucken können. Die „Allgemeine Staats-Korrespondenz“ lamentierte im Jahre 1815: „Es ist zu beklagen, daß der Genuß des Brandweins so allgemein geworden ist, daß der Hang dazu bei dem gemeinem Manne ganz unvertilgbar zu seyn scheint. Wenn dieses schädliche Getränk indes einmal erforderlich ist, so ist es freilich besser, daß es im Lande selber gemacht als von außen her eingeführt wird.“ Und es wurde im Lande produziert. Obwohl der lippische Souverän Anfang des 19. Jahrhunderts nur etwa 70 000 Untertanen hatte, gab es in Lippe circa 150 Branntweinbrennereien, die pro Arbeitstag insgesamt etwa 11 000 Liter Branntwein herstellten, von denen immerhin etwa 80 Prozent im Lande selbst „verkonsumiert“ wurden.

Viele Schankwirtschaften taten das ihre, um den Branntweinabsatz noch mehr zu erhöhen. So beklagt das „Lippische Volksblatt“ von 1851, daß „der Eine in seiner Schenkwirthschaft das siebente Glas umsonst, sobald sechs Glas bezahlt und getrunken sind (verabreicht), während ein Anderer die Kunden dadurch an sich zu ziehen sucht, daß er größere, als die gewöhnlichen Gläser mit Branntwein verabreichen läßt“.

Die bekannteste unter den zahlreichen lippischen Brennereien war die Firma Wippermann in Lemgo. Die Produktpalette der 1836 gegründeten „Destillationsanstalt und Essigfabrik“ umfaßte neben Kümmel, Doppelkümmel und altem Korn vor allem *Machollern* (Wacholder). Anfang des 20. Jahrhunderts entstand dann noch eine neue Doppelkornmarke mit dem schönen Namen „Lipperkorn“. In den lippischen Gaststätten trinken „echte Lipper“ zwischen zwei Bieren nach wie vor gerne einen guten Wacholder. Im lippischen

Ueber die Zunahme des Branntweinverbrauchs im Lippischen.

Nach den angestellten Ermittelungen stellt sich in Lippe nebst der Grafschaft Pyrmont und der Preußischen Enclave Lügde der Branntweinsverbrauch in Quarten zu 50% für das Jahr 1850 folgendermaßen heraus:

a) Aus den östlichen Provinzen Preußens sind eingegangen . . .	529,834	Quart.
b) Aus der Provinz Westphalen u. dem Schaumburg.	91,572	„
c) Durch eigne Fabrikation producirt	400,200	„
Summe	1,022,606	Quart.

Davon sind verwandt:

1. Zur Essigfabrikation	16,742		
2. Zu andern Zwecken	3,200		
3. Ueber die Gränze geführt . .	36,000		
		55,942	„
Bleibt die getrunkene Summe von		966,664	Quart.

Nach einer gleichen Berechnung stellte sich der Verbrauch im Jahre 1849 heraus . . . . 772,708 Quart

Es sind mithin im Jahre 1850 mehr verbraucht . 193,956 Quart.

Auf den Kopf der Bevölkerung berechnet (das Fürstenthum Lippe mit 103,963 Einwohn., Pyrmont mit 8,840 Einwohn., und Lügde mit 2269 Einwohn.) stellt sich der Verbrauch des Branntweins

im Jahre 1850 zu	8,6	Quart
im Jahre 1849 „	6,5	„
mithin im Jahre mehr . . .	2,1	Quart.

Die eigne Branntweinsfabrication hat sich vermindert, dagegen vermehrt sich die Zufuhr an Spiritus, den die Destillateure weiter verarbeiten, von Jahr zu Jahr, und sind die letztern bemüht, namentlich beim Detailverkehr und in der Schenkwirthschaft sich durch die verschiedensten Mittel größern Absatz zu verschaffen. So z. B. verabreicht der Eine in seiner Schenkwirthschaft das siebente Glas umsonst, sobald sechs Glas bezahlt und getrunken sind, während ein Anderer die Kunden dadurch an sich zu ziehen sucht, daß er größere, als die gewöhnlichen Gläser mit Branntwein verabreichen läßt u. d. gl. Daß auf diese Weise der geringe Mann zum Branntweintrinken immer mehr verleitet wird, ist einleuchtend und würde es daher in Hinblick auf die Resultate des Branntweinverbrauchs im abgelaufenen Jahre gewiß nicht unangemessen sein, durch geeignete Maßregeln dem wieder überhand nehmenden Branntweintrinken entgegen zu treten. —

Lippisches Volksblatt, 1851

Volksmund heißt der Wacholder in Anspielung auf seine harntreibende Wirkung auch „Piss-Fix“.

Ein altes lippisches Sprichwort sagt: *„Eun beuset Wüif in'n Hiuse eß schlimm, öwer döstag un keun Beur in Hiuse eß schlimmer.“* Paradoxerweise waren es gerade auch die Mäßigkeitsvereine, die Anfang des 19. Jahrhunderts dem lippischen Bier, das Ende des 18. Jahrhunderts wegen seiner geringen Qualität und der starken Konkurrenz durch Schnaps, Wein und Kaffee nicht mehr sehr viel getrunken wurde, zu neuer Beliebtheit verhalfen; riefen sie doch immer wieder dazu auf, „lieber Bier oder ein anderes gesundes, nahrhaftes und wohlschmeckendes Getränk statt des Schnapses“ zu „verkonsumieren“.
Dabei war Bier in Lippe schon im Mittelalter ein beliebtes Volksnahrungsmittel gewesen. Hopfen wurde schon früh im Lande selbst angebaut. Vom Hopfenpflücken und von den Arbeiten in den Hopfengärten haben die lippischen Landbewohner, die nur über sehr geringen Grundbesitz verfügten, die Berufsbezeichnung „Hoppenplöcker“ erhalten. Ursprünglich wurde das Bier in jedem Haus selbst gebraut, so wie man ja auch selbst buk und schlachtete. Schon bald kam es jedoch in den entstehenden Städten zu einer bestimmten Art der Arbeitsteilung, dem sogenannten Reihebrauen. Einzelne Familien erklärten sich bereit, in einer genau festgelegten Reihenfolge nacheinander zu brauen, so daß für alle Familien immer ein ausreichender Biervorrat vorhanden war. Jede dieser Familien besaß das zum Brauen notwendige Gerät selbst, nur die „theure“ Braupfanne ging „reihum“.

Das lippische Nationalgetränk

Das lippische Nationalgetränk ist Wacholderschnaps. Im Münsterland machte ich mir gern einen Spaß, daß ich an einem Stammtisch mit Leuten von dort eine Runde Wacholder ausgab, nachdem schon drei bis vier Bier getrunken waren. Vorsichtshalber ging ich dann aber schon vorher zur Toilette. Wenn dann alle auf die Schnelle ihren Wacholder getrunken hatten, trafen sie sich nach kurzer Zeit alle auf Zimmer 00. Das wurde bei einer großen Klicke in einer kleinen Gaststätte oft problematisch. Ein Freund, den ich damals bereits ein paar Mal hereingelegt hatte, nannte das Zeug nachher nur noch Piss-Fix und trank es nicht mehr mit. In Lippe, wo die Leute das Wacholdertrinken gewöhnt sind, klappt es allerdings nicht mehr. Dort haben sie eine starke Blase.

Gerhard Barkemeier

Die Braupfanne wurde zumeist in den Wohnhäusern auf der „Deele“ mit offenem Feuer beheizt. Nicht zuletzt wegen der großen Feuersgefahr entschlossen sich die lippischen Städte nach und nach feste Brauhäuser einzurichten: zuerst Detmold (1713), gefolgt von Blomberg (1720) und schließlich Lemgo (1740). Auch in den Brauhäusern wurde die Tradition des „Reihebrauens“ jedoch weiter fortgesetzt. Auf den lippischen Dörfern hatte zumeist auch noch der Dorfkrüger das Recht, sein eigenes Bier zu brauen und zu *versellen.*

Im allgemeinen wurde der Hopfen unter das Malz getan und zugleich mit dem Malz gekocht. Einige Brauer dörrten den Hopfen vorher in der Braupfanne, so z.B. der Pächter des herrschaftlichen Kruges in Schötmar, Kaufmann Simon Heinrich Krome, um dem Bier eine dunklere Farbe zu geben. Durch dieses sogenannte „Hopfenbraten“ oder „Hopfenbrennen“ wurden die Braupfannen aber beschädigt, sie bekamen Sprünge. Kupferschmied Ferke riet daher 1776, für das Braten im Kruge zu Schötmar einen besonderen Kessel von 8 bis 9 Eimern anzuschaffen.

Bierbrauen im Mittelalter

Lippisches Bier um 1788

Um recht gutes Bier zu brauen, ist erforderlich gute trockene Gerste, selbige muß 48 Stunden im Wasser stehen, darauf abgezapft und wieder mit frischen Wasser begossen, aber auch gleich wieder abgezapft werden, die Gerste muß alsdenn so lange im Küben stehen bleiben, bis sie anfängt zu springen, alsdenn herausgenommen und der Malzhauf, wenns möglich im Keller auf Steinen nach Proportion der Wärme oder Kälte hoch oder niedrig gemacht, und darnach gesehen werden, daß das Malz so viel möglich, egal ausläuft, alsdenn auseinander gearbeitet, rechtschaffen getrocknet und alsdenn nicht zu fein sondern locker gemacht werden.

Zum Brauen muß das Wasser 24 Stunden vorher im Kessel gethan werden; des Abends um 7 Uhr schüttet man das Schrot ein, und läst es, nachdem man es tüchtig durchgebrochen, weichen, bis des Nachts um ein Uhr, alsdenn wird Feuer unter den Kessel gemacht, so daß es anfängt darin zu kochen, dann macht man das Feuer darunter weg, und lässet es drey Stunden stehen, so daß die Träber sämtlich in die Höhe steigen, darauf wird es wieder drey Stunden stark gekocht; wenn dieses geschehen, so nimmt man wieder das Feuer darunterweg, und läßt es eine halbe Stunde stehen, damit sich die Träber auf den Grund setzen, ist dieses geschehen: so nimmt man das unterste aus dem Kessel so dick als möglich heraus und legt es auf dem sogenannten Seeg in der Butte, worauf alles übrige aus dem Kessel aufgefüllet wird.

Der Kessel wird alsdenn ein wenig ausgespület und darauf Wasser darin gegossen und warm gemacht, mit diesem Wasser werden dann die Fässer, worin man das Bier thun will, ausgespült, und das übrige, nachdem man das Bier schwach oder stark haben will, in die Butte gegossen, alsdenn wird die Butte abgezapft und das Bier oder der sogenannte Werth in den Kessel gethan und drey Stunde gekocht, man kann es alsdenn nach Belieben verdünnen oder durchs lange Kochen stärker machen. Die Butten werden in der Zeit rein gemacht, und das fertige Bier darin gefüllt. Hernach muß man sich aber besonders in acht nehmen mit dem Angeben, damit man es nicht zu warm oder zu kalt angebe. Dieses muß man nach Proportion der Witterung und der Jahreszeit einrichten.

Auf jede Tonne von 88 Maas gehöret ein Pfund Hopfen und zwey Scheffel Malz. Wenn der Hopfen gut ist, ist ein halb Pfund genug. Er wird gleich mit dem erst abgezapften Spiritus mittelmäßig gebrandt, nachher mit dem ersten starken Bier eine Stunde, alsdenn mit dem übrigen noch zwei bis drey Stunden gut aufgekocht.

Lippische Intelligenzblätter, 1788

Das damalige Bier war mit dem heutigen kaum vergleichbar. Nicht nur, daß es schon bald nach dem Brauen und ersten Gären ausgeschenkt wurde. Ihm wurden häufig auch Kräuter, Wurzeln und Beeren zugesetzt, auch solche, die zum Teil bereits als giftig erkannt und verboten waren. In den „Lippischen Intelligenzblättern“ von 1789 wird der Gebrauch von giftigen Zusätzen wie dem „Tollkorn“ und der „Trunkelbeere“ nochmals ausdrücklich verboten. Auch die Beimischung von Kienpost (Sedum pallustre) wurde in Lippe erst in diesem Jahr verboten. Von der Anerkennung des bayrischen Reinheitsgebotes, wonach Bier nur aus Gerste, Hopfen, Hefe und Wasser gebraut werden darf, war man Ende des 18. Jahrhunderts in Lippe noch weit entfernt. Für die im Laufe dieses Jahrhunderts immer schlechter werdende Qualität des Bieres wurde vor allem das Reihebrauen verantwortlich gemacht. So beklagte sich der Detmolder Archivrat Knoch im Jahre 1778, daß „hundert Personen hunderterlei Bier auf der Reihe brauten und keiner sein Bier ehender zu verkaufen berechtigt sei, als bis das erstere Bier verzehrt sei, mithin alle 4 bis 5 Tage ein neues Gebräu zum Vorschein komme“.

Zum weiteren Niedergang der Braukunst in Lippe trug die immer größer werdende Beliebtheit von Wein, Kaffee und Schnaps bei. Immer lauter begannen sich die Bierliebhaber Ende des 18. Jahrhunderts darüber zu beklagen, daß „nicht blos in städtischen Wirtshäusern, sondern Dorfkrügen Wein eingekellert und verzapfet wurde“. Ein besonderer Dorn im Auge waren ihnen Zeitgenossen, die „das Wassertrinken und ein Glas Wein für gesünder halten“ und mit der „Modesucht des Vornehmerthuens das Bier vom Tisch und aus gesellschaftlichen Zusammenkünften verscheuchen“. Die lippischen Bieranhänger wurden jedoch dennoch nicht müde, die Vorzüge des Biers immer wieder deutlich herauszustellen.

Mit dem Rückgang der Bierbrauerei hatte auch der früher in Lippe stark betriebene Hopfenbau nachgelassen. Anstatt Hopfen wurden nun vermehrt Kartoffeln angepflanzt. Mit den Ende des 18. Jahrhun-

Anweisung, gutes Magenbier zu bereiten.

Um dieses angenehme und magenstärkende Getränk darzustellen, nimmt man zu 104 Pfund Wasser 6 Pfund Zucker (Melis- oder Lumpenzucker) und 6 Loth gestoßenen Ingwer, kocht es eine Stunde lang, schäumt es dann ab, und thut, um es abzuklären, das Weiße von 8 Eiern, wohl geschlagen, hinzu. Hat Alles gut gekocht, so filtrirt man die Flüssigkeit in einen Zuber, läßt sie darin erkalten, und gießt sie dann in ein Fäßchen, mit Hinzufügung des Saftes und der Schalen von 12 guten Citronen *) nebst 2 Löffeln guter Hefen. Dann wird das Fäßchen gut zugespündet und 12 bis 18 Tage liegen gelassen, nach welcher Zeit das Bier gut ist, um auf Flaschen gezogen werden zu können. Nach 12 Tagen fängt màn dann an, es zu trinken.

*) Die Citronen werden sehr dünn geschält und ihr Saft durchgeseihet.

Lippische Intelligenzblätter, 1828

derts einsetzenden Bestrebungen zur Verbesserung der lippischen Bierbrauerei suchte man gleichzeitig den Hopfenbau in Lippe wieder stärker zu beleben. Laut Landtagsbeschluß vom 26. Februar 1787 setzte die Regierung sechs Jahre lang für die besten Hopfenbauern auf dem Lande eine Prämie von jährlich zehn Talern aus. Die Städte sollten eine gleiche Prämie für ihre Bürger ausloben. Im ersten Jahr (1787) wurde die Prämie halb dem Krüger in Bentrup (Vogtei Heiden) und halb dem Krüger Orbke zu Schneckenbaum (Amt Oerlinghausen) zuerkannt. Das Abstechen der jungen Hopfenschößlinge zur Salatbereitung wurde nun verboten, ebenso das Hüten von Vieh bei Hopfenanlagen. Die Hopfenernte in Lippe betrug 1787 exakt 1736 ¼ Pfund. Die Bemühungen der Regierung zur Steigerung des Hopfenbaus in Lippe hatten jedoch nur in einzelnen Vogteien und Ämtern (beispielsweise in Heiden, die mit 603 ¼ Pfund alle anderen übertrafen) einen vorübergehenden Erfolg.

In der ersten Hälfte des 19. Jahrhunderts machte die Regierung erneut Versuche zur Hebung des Hopfenbaus. Am 24. Dezember 1825 war im Braker Schloß die Einrichtung einer Art lippischer Musterbrauerei beendet worden, die bereits am 1. Februar 1826 den Beginn des Bierverkaufs in den „Lippischen Intelligenzblättern" bekannt machen konnte. Im Jahre 1830 wurde in Brake eine erste Hopfenanlage eröffnet. Rasch folgten Hopfenanlagen im fürstlichen Biergarten zu Detmold, zu Braunenbruch und Heerse. Seit 1839 wurden gar die Schüler des Seminars in Detmold neben dem Unterricht in der Obstzucht auch im Hopfenbau unterwiesen.

Wein in Uebermaaß berauschet, machet wilde lermende Leute, lässet selbst den andern Tag noch ungesunde Hitze im Körper zurück, und schwächt demnach ganz begreiflich.

Caffee gehöret, wie mir versichert ist, in der Apotheke unter die ersten magenstärkenden Arzneyen, und so muß ganz nothwendig das täglich viele Caffeetrinken das schädlichste, Blut erhitzenste Getränk seyn.

Brantewein wie man an den Trinkern beobachtet, betäubet, macht dumm, unfähig zu Geschäften, die Ueberlegung erfordern, verunstaltet das Gesicht des Söffers bis zum Eckel und ziehet ihm endlich einen geschwindern und oft sehr elenden Tod zu.

Hingegen gutes, wohlgekochtes und behandeltes nicht mit hitzigen Kräutern zu sehr angesetztes Bier machet fröhlich, wenige Hitze und stärket.

Lippische Intelligenzblätter, 1788

Trotz all dieser Bemühungen blieb Lippe aber auch weiterhin auf die Einfuhr von Hopfen aus Braunschweig, Hannover und Bayern angewiesen. Die Qualität des Eigenanbaus reichte einfach nicht aus; er konnte nur als Zumischung zum importierten Hopfen verwendet werden. Das Bier war in Lippe nun aber wieder deutlich im Aufschwung. Am 14. Mai 1838 kam es sogar zur Gründung eines Biervereins für das Fürstenthum Lippe. In Para-

Detmolder Felsenkeller im Büchenberg

graph 1 der Satzung hieß es: „Zum Ziele seines Strebens setzt sich der Verein ein wohlthätiges Einwirken auf das physische und moralische Leben der Bewohner dieses Landes, besonders im Bürger- und Bauernstande, durch Allgemeinmachung des baierischen oder Felsenkeller-Bieres und folgeweise durch Beschränkung und successive Abschaffung des Branntweines.“ Der Verein sollte – so wollten es seine Gründer – nur fünf Jahre lang bestehen. Dann spätestens sollte er seinen Zweck erreicht haben. Dies muß ihm ganz gut gelungen sein, berichtet der „Lippische Kalender“ doch bereits im Jahre 1842 über den „Guten Fortgang des Brauwesens im hiesigen Lande“.

Neben der Einhaltung des Reinheitsgebotes und der Qualität von Hopfen, Wasser, Malz und Hefe hängt die Güte des Bieres vor allem auch von der Lagerung nach dem Brauen ab. Ein gutes Bier muß in einer kühlen Umgebung gären und lagern können. Im Gegensatz zu Bayern waren in Lippe Felsenkeller zur Bierlagerung völlig unbekannt. Das Bier wurde – wenn überhaupt – auf der Tenne oder in der Kammer aufbewahrt. Meist wurde es sogleich nach dem Brauen ausgeschenkt. Im Zusammenhang mit den Bemühungen, die Qualität des Bieres zu heben, wurden ab 1835 in vielen lippischen Städten und Dörfern Felsenkeller angelegt. Im Jahre 1842 gab es Felsenkeller bereits in Kohlstädt, Lage, Berlebeck, Lemgo, Brake, Detmold, Oerlinghausen und Schötmar. Der bekannteste lippische Felsenkeller ist wohl der Detmolder Felsenkeller im

Büchenberg. Der größte befindet sich tief unter der ehemaligen Brauerei „Falkenkrug“. Der Name dieser ehemals bekanntesten und größten lippischen Brauerei geht übrigens wahrscheinlich nicht auf den Vogel zurück, der als späteres Markenzeichen der Brauerei einen Krug in seinen Fängen trug, sondern auf den Spitznamen des ersten Wirtes des Kruges, Johann „Falco“ Winter.

Das in den Felsenkellern gelagerte und gepflegte Bier dürfte schon heutigen Ansprüchen genügt haben. Kein Wunder also, daß das Reihebrauen nach 1840 schon bald unüblich wurde, zumal nicht nur der Falkenkrug, sondern auch zahlreiche andere Brauereien nun ihr gutes Felsenkellerbier zum Kauf anboten: die Brauerei Schlüsselburg in Lage, die Arminiusbrauerei in Kohlstädt, die Brauerei Thaler in Lemgo und viele andere mehr. Heute gibt es in ganz Lippe nur noch eine einzige Brauerei, die Brauerei Strate in Detmold, und auch diese hat es schwer, sich gegen das in Lippe sehr beliebte „Herforder Pils“ zu behaupten.

Anzeige aus dem Lippischen Familien-Kalender, 1907

Der Wein stand in der Beliebtheitsskala der Getränke in Lippe nie an erster Stelle. Doch wurde er – zumindest in Kreisen, die es sich leisten konnten – seit dem 7jährigen Krieg zunehmend bei Tisch und bei geselligen Anlässen getrunken. Weniger begüterte Lipper konnten sich das Weintrinken in der Regel nicht leisten. *„Van'n Wüindrinken kriggt de Biwwer Luise* (Schulden)", sagt der lippische Volksmund nicht von ungefähr. Wenn der Wein in Lippe also auch nie – wie z.B. der Branntwein – zu einem Volksgetränk wurde, fand er doch so viel Verbreitung, daß jeder Krüger, der etwas auf sich hielt, einen gewissen Vorrat einkellerte und verzapfte.

Ausgeschenkt wurde in der Regel importierter Wein. In Lippe selbst wurde der Weinstock nur selten angebaut, auch wenn einzelne lippische Weinliebhaber immer wieder darauf hinwiesen, daß der „Anbau des Weinstocks" es verdiene, „auch im hiesigen Fürstenthum stärker betrieben (zu werden), und zum mindesten nicht weniger als anderes Obst, welches nach den Städten zum Verkauf gebracht wird, gezogen zu werden. Dem gewöhnlichen Einwurfe, daß solches Boden, Lage und Clima hier nicht zulassen, darf man mit Grund entgegnen, daß dem Weinstocke eine gut gelegene Wand beinahe das Clima am Rheine ersetzet, der Boden durch zweckmäßige Cultur sich zubereiten läßt, viele warme Thäler unserer Gegend vorzüglich zum Weinbau gelegen sind". In der Tat wurden auch in Lippe, z.B. in der Gegend um Reelkirchen, im 18. Jahrhundert „durch die lobenswerthen Bemühungen des Hrn. Pastors Schönfeld, gute Trauben erziehet".

Viele der importierten Weine müssen wohl von höchst zweifelhafter Qualität gewesen sein. Auf jeden Fall fühlte sich Graf Ludwig Henrich Adolf zur Lippe, der Vormund von Leopold I. und lippische Landesregent, im Jahre 1786 veranlaßt, seine Untertanen zu warnen, „daß durch verfälschte Weine der Gesundheit der Menschen sehr geschadet werde". So wurde noch im selben Jahr auf Befehl der hochgräflich lippischen vormundschaftlichen Regierung eine „Anleitung fürs Publikum zur vorläufigen Prüfung der Weine, ob sie ächt und unschädlich oder verfälscht und ungesund sind" aufgesetzt und bekannt gemacht. Im Paragraphen 1 dieser Anleitung heißt es: „Es ist bekannt, daß gewinnsüchtige Weinhändler und eigennützige Weinwirthe, um ihre schlechten, verdorbenen Weine zu verbessern, wenigstens ihnen eine verführerische Farbe, und angenehmen Geschmack zu geben, auch

Anleitung
fürs Publikum
zur vorläufigen
Prüfung der Weine
ob sie ächt und unschädlich oder verfälscht und ungesund sind.
Auf Befehl
Hochgräflich Lippischer Vormundschaftlicher Regierung
aufgesetzt und bekannt gemacht.
Lemgo,
gedruckt mit Meyerschen Schriften 1786.

um ihre Fehler zu verbergen, oder, um andere geringere Sorten für Gewächse berühmter Weingegenden anpreisen zu können, mancherley betrügerische Künste anwenden, und sich Handgriffe oder Beymischungen erlauben, die der menschlichen Gesundheit höchst nachtheilig und wahre Vergiftungen sind."

Einige der von den Panschern angewandten Kniffe waren durchaus unschädlich. So verwendeten sie, um weißen in den zu jener Zeit wesentlich beliebteren roten Wein zu verwandeln, z.B. roten Sandel, Krapp, Heidelbeeren oder Rosinen. Um Weine „zu stärken" oder „umzuschaffen" wurden sie oft mit „hitzenden Dingen" versetzt: etwa mit „Galgant", „Kardamomen", „Muskatenblüthe" und „ungegorenem Most". Man schreckte nicht einmal davor zurück, den Wein mit dem in Lippe so sehr beliebten *Brannewüin* zu verpanschen.

Wesentlich gefährlicher waren die Beimischungen von giftigen Pflanzen wie Waldnachtschatten oder Scharlachkraut. Letzteres wurde von den Panschern dazu benutzt, „dem Wein einen Muskatellergeschmack beyzubringen". All diese verpanschten Weine – so warnte der lippische Regent seine Untertanen – seien, „wenn sie anhaltend getrunken werden" –, geeignet, die „Gesundheit vieler Menschen" zu zerrütten: „sie greifen den Kopf an, reizen das Nervensystem, erregen Wallungen und Hitze im Blut, und veranlassen Gicht, Goldader- und Blutflüsse".

Die „bekannteste und schädlichste Weinverfälschung oder Vergiftung" aber war schon im 18. Jahrhundert die, die geeignet war, den Wein süßer zu machen. Statt des bei Weinpanschern heute so beliebten Frostschutzmittels Glykol wurden damals „bleyische Mittel", „Silberglätte oder andere bleyenthaltende Sachen als Bleyzucker, Mennig" oder „Bleyweiß" verwendet, um dem Wein „einen süßlichen angenehmen Geschmack beyzubringen". Diese „wahre Giftmischerei" verursache – so warnte der Regent seine Lipper – „heftiges Kopfweh, ein Zusammenschnüren des Halses, Magenschmerzen, außerordentliche Bangigkeiten, Husten, Engbrüstigkeit, Koliken, insbesondere die Bleykolik, anhaltende Leibesverstopfung, Zuckungen, Lähmungen, Auszehrung und den Tod".

Um seine Untertanen vor dem Schlimmsten zu bewahren, verfügte der Regent also eine „von dreyen inländischen geschickten Ärzten fürs Publikum" entworfene Anleitung, wobei jedermann beim Einkellern des erstandenen Weines „eine Prüfung für sich anstellen" solle und „wann er dabey Verfälschungen entdecket, der Obrigkeit es anzeigen" müsse, die dann die Prüfung durch einen hinzugezogenen Arzt amtlich durchführen lasse. In der „Anleitung fürs Publikum" wurde den Lippern geraten, rote Weine durch Löschpapier zu seihen, um zu sehen, ob auf diesem Rückstände unzulässig verwendeter Färbemittel zurückblieben. Oder es sollte „Weinprobeliquor (liquor vini probatorius oder docimasticus)" aus der Apotheke geholt und in ein Glas Wein geschüttet werden. Färbte sich der Wein gleich dunkel oder erst rötlich und dann braun – so die Anleitung – sei er mit Bleizusätzen versehen. Es wurde allerdings dringlich geraten, die Prüfung des Weins mit diesem Liquor nur in „freyer Luft anzustellen, weil seine Vermischung mit dem Wein einen höchstwidrig stinkenden Gestank verursacht".

Um festzustellen, ob ein Wein überschwefelt ist („betäubt den Kopf, greift die Nerven an, veranlasset Gicht, verursacht Ausschläge auf der Haut, und berauschet sehr bald und bös"), wurde empfohlen, ein „frisch gelegtes, reines Hühnerey in ein mit Wein angefülltes Bierglas" zu legen, das Glas zu bedecken und es 24 Stunden an einem mäßig warmen Ort" stehen zu lassen: „Wird die Schaale des Eyes alsdenn schwarz, so ist diese Schwärze ein Zeichen, daß der Wein überschwefelt sey." Und auch „ein Stückchen sehr glatt poliertes Silber 24 Stunden in den Wein gelegt, verliehrt, wenn der Wein zu sehr geschwefelt ist, seinen Glanz und läuft schwärzlich an".

Es war allerdings wohl nicht nur die Angst vor in den importierten Weinen möglicherweise enthaltenen Giften, die die Lipper immer wieder nach Möglichkeiten suchen ließ, „fremde Weine entbehrlich (zu)

Deutschen Champagnerwein zu machen.

Man nimt 24 Kannen Birkenwasser und 8 Pfund feinen weißen Zukker, lässet beides zusammen in einem saubernen Kessel bei einem gelinden Feuer ohngefehr bis auf den vierten Teil einkochen, rein abschäumen, alsdann abnehmen, durch ein sauberes Tuch gießen, und zwar in dasjenige Fäschen, worin es bleiben sol; ist es ein Weinfäschen, so ist es desto besser, nur mus es nicht das geringste von einem unangenehmen Geruch oder Geschmak haben. So bald dieses Decoct etwas ausgekühlet ist, gieße man drei bis vier Eslöffel vol frische warme Hefen, und vier Kannen guten alten weißen Franzwein in das Fäschen, doch so, daß es nicht ganz vol werde. Man tuhe noch vier Zitronen in dünne Scheiben geschnitten hinzu, lasse es sodann wohl gähren, und nachdem es abgegohren, verspünde man es wohl, damit es sich seze. Wenn das Fäschen vier bis fünf Wochen im Keller gelegen hat, so ziehe man das Getränke vorsichtig ab, fülle es in Bouteillen, pfropfe und verpiche sie, wie gewöhnlich; nur lasse man, das Zerspringen zu verhüten, in jeder Bouteille etwas fehlen. Man mus auch vor allem die Vorsicht gebrauchen, die Bouteillen nicht zu zeitig zu füllen, damit sich erst alles im Fäschen wohl seze und präcipitire, und nicht etwa ein Bodensaz entstehe. Denn blos dieser würde verrahten, daß dieses Getränke gekünstelt sey. Sonst aber ist es dem Champagnerwein völlig ähnlich. Viele Kenner haben es mit Vergnügen getrunken und dem wahren Champagnerwein vorgezogen.

Lippische Intelligenzblätter, 1770

machen". Eher waren es wohl die recht hohen Preise, die man für ausländische Weine zahlen mußte, die die Lipper veranlaßte, über heimische Alternativen nachzudenken, die ihnen „ansehnliche Summen ersparen konten". So heißt es schon in den „Lippischen Intelligenzblättern" von 1780 mit einigem Optimismus: „Durch Kenntnis und Fleiß können auch wir nach und nach in den Stand gesetzt werden, uns, in selbst gemachten Weinen, das schmackhafteste Getränk, mit geringen Kosten, zuzubereiten, und wenigstens vors erste Madeira, Champagner und Cyperwein entbehren, wenn uns die kräftige rothe und weiße Holunderbeere gegen Madeira, und die heilsame Birke und Schlüsselblume gegen Champagner schadlos halten können."

Weine kann man aus allen Früchten herstellen. Besonders beliebt war in Lippe neben dem Holunderbeerwein und Apfelwein der Johannisbeerwein. Auch Quitten und Aprikosenwein wurde sehr geschätzt. Als „eines der kühlendsten und wohlschmeckendsten Getränke im Sommer" wurde der Stachelbeerwein angesehen und sehr viel getrunken. Das Abfüllen des neuen Weines war auf den lippischen Dörfern in der Regel ein kleines gesellschaftliches Ereignis. Die Nachbarschaft fand sich ein um zu helfen, vor allem aber auch, um den frischen Wein zu verkosten. Es muß bei diesen Anlässen manchmal so hoch hergegangen sein, daß – Sparsamkeit hin, Sparsamkeit her – nicht mehr allzu viele Flaschen zum Einkellern übrig blieben.

Die im folgenden angegebenen Rezepte stammen allesamt aus den „Lippischen Intelligenzblättern" des Jahrgangs 1780:

Stachelbeerenwein

Von Stachelbeeren läßt sich ein vortrefflicher Wein auf folgende Art bereiten:

Man nimmt die Stachelbeeren, wenn sie eben beginnen reif zu werden, mithin nicht die ganz reif gewordenen, zerquetschet sie dergestalt, daß sie eine Masse oder Teig werden, aber nicht so sehr, daß die kleinen Steinchen oder Kerne zerbrechen, gießet alsdenn zu jeden acht Pfund solcher Masse oder Teiges vier Quartiere klaren Quell Wassers, und läßt dieses zusammen in einem bedekten Gefäße 24 Stunden stehen; hiernächst schüttet man alles in ein großes Sieb oder Haartuch, und presset den Saft bis auf den letzten Tropfen heraus, und auf jedes Quartier dieses Saftes giebt man 12 Unzen des feinsten weißen Zuckers, und rührt es so lange, bis der Zucker geschmolzen ist; dann schüttet man den Saft in ein wohl gelüftetes Fäßchen und setzt dieses an einen kühlen Ort. Zwanzig oder höchstens dreißig Tage läßt man den Wein sich reinigen und setzen, und füllt dann das Fäßchen ganz vol, und verspuntet es so vest, daß so wenig Luft, als möglich, hineindringen kann. – Hat sich der Wein nun wohl durchgearbeitet und gesetzt, so ist es Zeit, ihn entweder auf kleinere Fäßgen, oder auf Bouteillen zu ziehen, und diese zum Gehrauch in kühle Keller zu legen, weil nichts dieser Art Weinen mehr schadet, als die Hitze.

Noch eine andere Art Stachelbeerenwein zu machen

Man sammelt bey trockenem Wetter die Stachelbeeren um die Zeit, wenn sie halb reif sind, reinigt sie sauber vom Stengel und Blume, schüttet etwa ein Viertel Scheffel vol in ein bequemes Gefäß, worin man sie mit einem leichten hölzernen Stampfer dergestalt quetscht, daß die Samenkernchen wo möglich nicht mit zerstoßen werden; hiernächst wird diese zerquetschte Maße in ein grobes Haartuch geschüttet, und der Saft ausgepreßt, dann zu jeden vier Quartieren Stachelbeersaftes ungefähr drei Pfund feinen Canizß-Zuckers gegeben, dieser vermittelst eines Stoks wohl durchgerührt, und so bald der Zucker aufgelöst ist, in ein bequemes Fäßchen geschüttet, welches die Quantität genau einnehmen kann; nach Maaßgabe derselben läßt man es eine kürzere oder längere Zeit stehen; sind es nämlich 36 oder 40 Quartier Bouteillen (etwa ein hiesiger Anker) so muß es 14 Tage, eine gedoppelte Quantität aber 40 Tage, und so nach Proportion, jedoch an einem kühlen Orte stehen; dann zieht man den Wein von den Hefen, und schüttet ihn auf ein wohl gelüftetes oder auch wieder auf das nämliche Fas, nachdem es vorher gereinigt und ausgelüftet ist – ein Fäßcen, welches etwa 36 oder 40 bis 44 Quartiere enthält, muß ungefähr 3 Monate, ein Zweyankerfaß aber 5 Monate stehen, nach welcher Zeit der Wein auf Bouteillen gezogen und zum Gebrauche, wie oben, bey gelegt wird.

Johannisbeerenwein

Man nimt 16 Quartiere (vier Gallons) des besten Quellwassers, läßt es sachte kochen auf einem schwachen Feuer, schäumet es gut und rührt 8 Pfund des Besten Jungfernhonigs hinein. So bald dieser ganz aufgelöst ist, wird das Wasser vom Feuer genommen und stark umgerühret um Schaum zu erregen, von diesem reinigt man das Wasser und läßt es kalt werden. – Hiernächst presset man eine gleiche Quantität Safts aus rothen Johannisbeeren, welche nicht überreif seyn müssen, vermischt diesen wohl durchgeseiheten Saft mit dem abgekochten Wasser und läßt dieses 24 Stunden miteinander durchbrennen; dann giebt man zu jeden vier Quartieren 2 Pfund weißen feinen Zuckers, rührt es bis es stark schäumet, nimt den Schaum weg, und schüttet 2 Loth Cremor Tartari, ein wenig Mehl und das weiße von 2 oder 3 Eyern hinein, um es damit zu verfeinern und zu reinigen – ist der Wein unruhig und klar: so zieht man ihn auf Flaschen und legt ihn in einen kühlen Keller.
Auch kann man einen Wein von gleicher Art aus weißen Johannisbeeren auf diese Weise bereiten, welcher an Stärke und Annehmlichkeit manchen Arten weißer Weine, wenig nachgeben wird.

Apfelwein zu machen.

Man nimt zu einem Anker, ohngefähr 6 Scheffel saftreicher Apfel; diese werden in einem reinen Gefässe mit einem hölzernen Stösser nicht eisernen, denn dadurch wird der Wein schwärzlich, so klein als möglich gestossen; man läßt diese gestossene Masse, bis in den dritten Tag stehen, und preßt sie nach einander mit einer gewöhnlichen Obstpresse aus. Das Ausgepreßte wird sogleich auf das Faß gefüllt, worinn man vorher 2 Maaß guten Franz-Brantwein geschüttet hat. Man pflegt auch wol anstatt des Franz-Brantweins das Faß zu schwefeln, jener aber wird nicht nur zur Güte, sondern auch zu dessen Erhaltung am meisten beitragen. Nach einigen Tagen pflegt es zu hefen, welches man stets nachzufüllen besorgen muß. Merket man, daß dieses zu Ende sey, so wird der Anker zugespundet und nach 4 Wochen zum ersten mahl in ein neu gereinigtes Faß gegossen, und wenn es denn höchstens 4 Wochen gelegen hat zum zweitenmahl und endlich über einen Monat zum dritten mahl wieder abgezapft und dann bleibt es bis zum Gebrauch wohl zugespundet liegen. Um auch jenes Ausgepreßte ebenfals wieder zu nützen, wird es zum Obstessig folgender maßen zubereitet: so wie man die Apfelmasse unter der Presse wegnimmt, wird sie in ein nebenstehendes und dazu gereinigtes Faß geschüttet, welches man nach dem letzteren Aufschütten gleichet und so lange mit reinem Wasser beschüttet, bis es ohngefehr 2 Queerfinger hoch, damit bedeckt wird. Dieses läßt man wohl zugedeckt bis 3 Wochen stehen, während der Zeit, auch noch wohl früher je nachdem warme oder kalte Witterung einfällt, setzt es sich zur Säure und fängt an zu hefen. So bald man dieses siehet, preßt man diese Maße wieder aus, schüttet den Saft in ein Faß und füllet es bey dem nachherigen gähren, so oft nach, als es nöthig ist; hat es sich also gesetzt, denn wirft man in das Ankerfaß 3 Hand voll kleingeschnittene Weinreben, oder in der Ermangelung, eben so viel Rosinenstengel hinein; bedeckt das Spundloch mit einem Stück Papier, worinn einige Löcher gestochen, oder klebt ein Stück Leinewand herüber und läßt dieses bis zum Gebrauch, in nächsten Sommer, stets auf seiner Mutter stehen.

Lippische Intelligenzblätter, 1784

Eine andere Art Johannis-beerenweins

Nachdem man bey trockenem Wetter die ganz reif gewordenen Johannisbeeren gesammelt, und sie sorgfältig, ohne sie zu quetschen, vom Stengel gelöst hat, schüttet man sie in ein Gefäß, worin sie mit einem großen Kochlöffel gequetscht werden können. – Diese zerquetschte Maße läßt man 24 Stunden, auch wohl, wenn sie groß ist, 30 Stunden stehen, demnächst durch ein Sieb ablaufen, und giebt dann auf jede vier Quartiere 3 Pfund feinen, weißen Zuckers, rührt dies wohl miteinander, füllt dann das Fäßchen damit an, und schüttet ein Quartier guten Branntewein auf 24 oder 28 Quartiere dieses Liqueurs, lasset ihn 4 oder 5 Wochen hindurch sich setzen und abklären, und zieht ihn, wie gewöhnlich, auf Bouteillen; sollte er nicht ganz klar geworden seyn: so läßt man ihn in einem andern Fäßchen, ungefähr 8 bis 10 Tage stehen und demnächst auf Bouteillen ziehen.

Holunder-beerenwein

Man pflückt die Holunderbeeren, wenn sie ziemlich reif sind, von den grünen Stengeln, in beliebiger Menge, und presset, etwa zwischen zwo schweren Planken, auch in einer Cyderpresse, oder auch mit den Händen, den Saft heraus; diesen schüttet man in ein wohl gelüftetes Ankerfäßchen; zu einem Anker Saft schüttet man zwölf Quartier Wasser, welches vorher mit Honig stark durchgekocht seyn muß, mit etwas Gescht oder Gest, um die Fermentation zu befördern, und läßt die groben irdischen Theile ausgären; dann wird er mit ein wenig Mehl, Eyerweiß und fixirten Salpeter abgeklärt; wenn der Wein nun ausgegähret und helle geworden, wird er von den Hefen abgezogen, und liegt bis zum Frühjahr; dann giebt man zu jedem Anker 5 Pfund Holunderblumen und eben so viel weißen Zuckers, und läßt es acht Tage damit stehen, da alsdann der Wein zum Trinken brauchbar, und von reichen und guten Saveur ist.

Noch eine andere Art Holunder-wein zu machen

Wenn die Holunderbeeren reif sind, werden sie, wie vorhin, gepflückt und in einen großen steinernen Topf geschüttet: diesen stellt man in kochendes Wasser, oder in einen nicht überheißen Backofen, so lange, bis der Topf so warm geworden, daß man ihn noch eben mit der Hand, ohne sie zu verbrennen, berühren kann. – Die Beeren legt man dann in ein grobes Tuch und presset sie stark aus in einen Kessel;

diesen lasset man auf einem guten Feuer kochen, nachdem man auf jedes Quartier Saftes ein Pfund Meliszucker gegeben, und nimmt den Schaum ab, so oft welcher aufsteigt. – Hiernächst muß der Saft, wenn er sich zuvor gesetzt hat, in ein steinern Gefäß abgeschüttet und fest zugedecket, oder auch sofort auf ein Faß gelegt werden, da er dann nach einigen Tagen trinkbar ist.

Eine vortreffliche Art Holunderblumenweins

Auf vierundzwanzig Quartiere Quellwassers werden sechs Pfunde der größten oder Mallaga-Rosinen klein geschnitten, nebst zwölf Pfunden des feinsten gestoßenen weißen Zuckers, gegeben – dieses läßt man etwa anderthalb Stunden miteinander durchkochen – wenn dieses kalt geworden, schüttet man, jedoch kein volles Viertelscheffel Citronensafts, und halb so viel Gescht oder Gest dazu, läßt es, wohl zugedeckt, drei Tage stehen, klärt es ab und zieht es auf ein wohl gelüftetes Faß; nachdem dies geschehen, schüttet man auf jede vier Quartiere Weins ein Quartier Rheinweins, verspuntet das Faß nicht zu fest 14 Tage lang, hiernächst wird der Spunt ganz fest geschlagen und das Faß vier bis fünf Monate in einen kühlen Keller gestellt, und wenn dann der Wein sich gesetzt hat, auf Flaschen gezogen.

Pfirsich- und Aprikosenwein

Wenn Pfirsiche, Aprikosen, auch Nektarinen (eine vortreffliche Art Pfirsiche, die sich nicht vom Kern absondern) im vollen Saft sind, schält man sie, nimmt die Steine heraus, schneidet sie in dünne Schnittgen, und zu vier Quartiren solcher Schnittgen schüttet man acht Quartiere Wassers und ein Quartier weißen Weins, läßt dieses zusammen eine gute Weile auf einem gelinden Feuer langsam sieden bis die Schnizzel weich sind. – Eine gleiche oder auch stärkere Menge von Pfirsich (bzw. Aprikosen oder Nektarinen)-Schnizzel müssen mittlerweile in Bereitschaft stehen, und auf diese schüttet man den heißen Liquer, worinnen die ersten Schnizzel gekocht worden, und läßt dieses, ohne es, wie vorhin, auf das Feuer zu bringen, 12 Stunden lang stehen, während welcher Zeit es eingemale umgerührt werden muß; hiernächst schüttet man auch von diesem Liquer in ein reines Gefäß, und presset diese und die vorhin gekochten Schnizzel durch ein feines Haartuch, schüttet den gesamten erhaltenen Saft in ein Fäßchen, und läßt ihn gähren, nachdem vorher auf jede Quartiere Safts anderthalb Pfund weißen Zuckers, und ein Quartier weißen Weins, worinnen eine Unze gestoßener Würznägelein stark ausgekocht worden, gegeben, welches letztere Ingredienz dem Weine einen vortrefflichen Saveur giebt – nach geendigter Gährung zieht man den Wein auf Flaschen zum Gebrauch.

Quittenwein

Wenn die Quitten ziemlich reif geworden, pflückt man sie an einem trockenen Tage, reinigt sie mit einem saubern linnenen Tuche von den Daunen oder der Wolle und läßt sie 10 Tage in Heu oder Stroh ausschwitzen; hiernächst zerschneidet man sie zu Viertel, nimmt das Gehäuse heraus, und stampft sie in einen Kübel mit einem hölzernen Stampfer, und presset den Saft auf die beste beliebige Art aus der gestampften Maße; diesen Saft läßt man durch ein feines Sieb laufen, und langsam auf einem gelinden Feuer warm werden, aber nicht kochen, schäumt ihn fleißig und streuet etwas gestoßenen Zuckers hinein. Hiernächst kocht man in vier Quartieren Wassers und einem Quartiere weißen Weins 12 oder 24 große Quitten in dünne Schnizzel geschnitten, mit zwey Pfunden feinen weißen Zuckers; dieser Liqueur wird von sothanen gekochten Schnizzel gesondert und mit dem obgedachten natürlichen Quittensafte in ein Faß und wohl durcheinander geschüttet, worinnen er so lange stehen bleibt, bis er sich gesetzt hat. Demnächst schüttet man auf 24 Quartiere des obigen Liqueurs ein halb Nössel (2 Hälbchen) Scharlach- oder Scharleyensaft (Scarlea) welcher mit ein wenig Mehl und Eyweiß vermischt worden. Findet man den Wein nicht süß genug: so kann man ihn mit mehr Zucker palatabel machen, auch ein Quartier des besten Malvasierweins hineinschütten – Er wird dann zum Gebrauch auf Bouteillen gezogen.

Rübenwein

Man nimmt eine gute Menge Rüben, schält, zerschneidet, stampft und preßt sie wie die Quitten; zu jeden vier Quartieren Safts giebt man 3 Pfund Zuckers, wie auch 2 Hälbgen Franzbrannteweins, welches alles zusammen in ein Fäßchen geschüttet wird. Man legt ein Tuch über das Spuntloch 8 Tage lang, um desto besser bemerken zu können, ob der Wein in Arbeit ist; hat die Bewegung aufgehört: so verspuntet man das Faß ganz fest drei Monate lang, sticht den Wein um, und wenn er klar geworden, zieht man ihn zum Gebrauch auf Bouteillen. Er soll ein sehr trinkbarer Wein seyn.

Einer der herühmtesten lippischen Zecher war der Detmolder Dichter Christian Dietrich Grabbe, der so manchen Abend mit seinen Saufkumpanen Petri und Moritz im Gasthof „Zur Stadt Frankfurt" beim geliebten Punsch zubrachte. Noch heute erinnert eine Inschrift an dem Haus in der

Inschrift am früheren Hotel Stadt Frankfurt

Hier wohnte Brahms
hier hat Lortzing
Grabbe und
Feiligrath getrunken
bis die Sonne durchs
Fenster gewunken
dann sind sie leise
nach Hause gehunken.

Langen Straße an den großen lippischen Schriftsteller und Trinker. Es ist der Grabbe-Gesellschaft e. V. zu danken, daß das Originalrezept des von Grabbe so geschätzten Punsches im Laufe langjähriger philologischer Forschungsarbeit rekonstruiert werden konnte. Wollen wir den höchst komplexen Interpretationstechniken der Grabbe-Gesellschaft folgen, so betrank sich der Genius Grabbe vorzugsweise mit einem nach folgendem Rezept gebrauten Punsch:

Grabbe-Punsch

5 Bouteillen kräftigen Rotwein behutsam erhitzen,
2 Dutzend Gewürznelken und 1 Stange Zimt hinzugeben,
dito den Saft von 3 Zitronen und 1 Orange,
½ Flasche hochprozentigen Rum beherzt reinschütten.
Zucker nach Belieben.

Natürlich wußten die Lipper aus ihrem Obst nicht nur gute Weine, sondern auch einen „ungemein guten, schmackhaften und nützlichen Most" zuzubereiten: „Dieser ersetzt dem braven Landmanne bey seiner ländlichen, einfachen, gesunden Mahlzeit den Mangel des Weines hinlänglich, ist bey der Zubereitung verschiedener Speisen vorzüglich brauchbar, und eröffnet ihm durch den Verkauf desselben eine neue Quelle zur Vermehrung seiner Einkünfte."
Im Jahre 1902 brachte der lippische Getränke-Fachmann Franz Hartmann zusammen mit dem Naturheilkundigen Friedrich

E. Bilz ein Getränk auf den Markt, das zunächst „Bilz" genannt wurde. Aufgrund eines Preisausschreibens erhielt das Getränk einige Jahre später den Markenamen „Sinalco", bei dem das lateinische „sine alcohole" (ohne Alkohol) Pate gestanden hat. Der Detmolder Sinalco-Sprudel wird aus einer Mischung aus verschiedenen Südfrüchten und deutschem Gartenobst hergestellt und erfreute sich schon bald weltweit größter Beliebtheit.

Ein alter Witz über die sparsamen Lipper behauptet: Die Lipper kochen ihren Kaffee, indem sie bei Sonnenschein eine Kaffeebohne an einem Bindfaden über einen Topf mit kochendem Wasser hängen und dann abwarten, bis die Kaffeebohne einen Schatten auf das Wasser wirft. Mit diesem Witz wird zwar die Sparsamkeit der Lipper zutreffend beschrieben, nicht aber ihr Kaffee. Denn die Lipper sind alles andere als Anhänger von *Plürre* (dünnem Kaffee). Lediglich in Zeiten großer Kaffeeknappheit – wie z. B. Anfang des 19. Jahrhunderts zur Zeit der Kontinentalsperre – wurden die Kaffeebohnen in Lippe nicht im „Mäßchen“ gemessen, sondern genau abgezählt. Vielleicht wurde sogar auch schon mal „eine Bohne durchgebissen“. Aus jener Zeit stammt auch das kleine plattdeutsche Zwiegespräch in Gedichtform, das uns Carl Schierenberg überliefert hat.

„Sui, Aemmelken, tellste Bäonen?“
„Jo, Söfken, et es man eun Läot.
Man mot sick wunnern un verstäonen.
Seo weunig Bäonen, un nich gräot!
Dä Käoplui mößte de Duiwel halen.
Öbber et helpt man nich, wenn ‘na öwwer schelt,
den Kaffe möt wui duier betahlen,
un’t kleune Gorn kost nen Geld!“
„Jo, Aemmelken“ se Söfken, „diu häst recht,
Eck häwwe äok teo muinen Kerl oll sägt:
‘Lot doch dat äole Kaffedrinken süin,
drink leuwer’n Drüppen Brannewüin!“

In besseren Zeiten haben die Lipper jedoch immer einen starken Bohnenkaffee zu schätzen gewußt. Nicht umsonst haben sie mehr als ein halbes Jahrhundert um das Recht gerungen, ihre tägliche Kanne guten Kaffees ohne Furcht vor behördlicher Nachstellung und Bestrafung trinken zu dürfen. Als sich nämlich im Laufe des 18. Jahrhundert der Genuß des Bohnenkaffees auch im sogenannten „gemeinen Volke“ immer mehr verbreitete, versuchte Graf Simon August zur Lippe, „das unnütze und überflüssige Caffeetrinken“ zu stoppen, da dieses die Leute doch nur von der Arbeit abhalte, in große Kosten und Schaden setze und zudem „auch zum merklichen Abgang der inländischen Brau-Nahrung sehr ansehnliche Geld-Summen vor diese fremde Waare außer Landes“ verbringe.

Letzteres dürfte „zumalen bei denen geldlosen Zeiten“ der entscheidende Grund für den lippischen Souverän gewesen sein, vielen seiner Untertanen nach dem Verbot, preußisches Salz zu essen und Paderborner Bier zu trinken, nun auch noch das Kaffeetrinken zu verbieten. So erließ Graf Simon August am 12. März 1765 ein Edikt, in dem er verfügt: Weil „Wir aber solchem Landverderblichen Unwesen und seit einiger Zeit verspürten Uebermuth nach seiner eingerissenen höchst schädlichen Art länger nachzusehen nicht gemeinet sind, sondern darwider Landesherrlich zu verordnen Uns gemüssiget finden: Als ist Unser ernstlicher Wille und Befehl, daß Unsere Unterthanen auf dem platten Lande samt und sonders, sie seyen Meier oder Kötter, benebst ihrem Gesinde und Arbeitsleuten, desgleichen die Handwerks-Arbeitsleute und Tagelöhnerin denen Städten, sich des ihnen schädlichen Caffee-Trinkens bei 5 Goldfl. Strafe und Verlust ihres Caffee-Geschirres, so oft sie diesem entgegen zu handeln betroffen werden, hinführo schlechterdings enthalten, jedoch die Amtsmeier für ihre Person hiervon ausgenommen ...“ Die Unterbeamten sollten „fleißig auf die Verbrecher Acht haben“ und diese „mit Wegnehmung des Caffee-Geschirres“ sofort zur Strafe ziehen.

Da diese Verordnung trotz wiederholter Erinnerung nicht befolgt wurde, hielt es Graf Simon August für nötig, sie durch seinen Erlaß vom 13. Mai 1768 noch weiter zu verschärfen. So wurde nun vor allem auch „die heimliche Einbringung des Caffees über die Grenze bei ohnnachbleiblicher Strafe des Zuchthauses ernstlich verboten, damit diesem eingerissenen Landesverderblichen Uebel endlich mal abhelfliche Maaße geschaffen werden“.

Die „Pest“ des Kaffeetrinkens verbreitete sich jedoch ohne jede Rücksicht auf die Außenhandelsbilanz des lippischen Staates immer weiter. Verordnung auf Verordnung folgte, aber sie konnten den Siegeszug des Kaffees in Lippe nicht aufhalten.

Brune beschlagnahmt Witwe Dünings Kaffeekessel

Besonders schlimme Folgen für das dörfliche Leben in Lippe hatte der Aufruf zum Denunziantentum. So sollte derjenige, der einen unberechtigten Kaffeetrinker den Behörden anzeigte, „ein Drittel der Geldstrafe haben, und sein Name auf Verlangen verschwiegen bleiben“. Beamte, denen es gelang, illegale Kaffeetrinker auszuforschen, sollten das „wegzunehmende Caffeegeschirr erhalten“. Der fürstliche Aufruf zur Kaffeeschnüffelei führte an vielen Orten zur Trübung der ansonsten guten lippischen Nachbarschaft. So zeigte

Verordnung wegen des Biers, von 1778.

Da es die Nothwendigkeit erfordert, daß den Unterthanen, anstatt des verbotenen Caffees, ein anders nahrhaftes und stärkendes Getränke verschaffet werde: so haben Drost und Beamte auf dem Lande und Magisträte in den Städten da, wo es noch nicht geschehen, die Veranstaltung zu treffen, daß gesundes Bier in gehöriger Güte gebrauet, und daran in den Wirthshäusern und Krügen kein Mangel gefunden werde, diese auch deshalb öfters visitiren zu lassen, und wo zu Erreichung des Zweks fernere Verfügung erforderlich seyn mögte, davon sofort zu berichten. Detmold den 5 August 1778.

Aus Gräfl. Lippischer Regierung daselbst.

beispielsweise im Jahre 1776 in Oerlinghausen der Bauerrichter Brune an, daß die Witwe des „Leinenhopsers" (Leinenhändlers) Düning das Kaffee-Edikt übertreten habe und „bei selbiger am 20. November bei angestellter Haussuchung ein kupferner Kessel von ohngefähr einen Eimer groß, so noch würklich mit warmem Kaffee angefüllt gewesen" vorgefunden worden sei. Die fünf Gulden Strafe haben der Witwe Düning wohl nicht so weh getan wie die Beschlagnahme des schönen kupfernen Kessels. Ein Jahr später traf derselbe Bauerrichter Brune den Schmied Hellkamp und seine Frau beim Kaffeetrinken und beschlagnahmte auch ihren Kaffeekessel, „worinnen der Kaffee noch würklich befindlich gewesen", samt der neuen Kaffeemühle. Der Schmied Hellkamp wurde hernach zu zwei Tagen Gefängnis bei Wasser und Brot verurteilt, weil er dem Bauerrichter etwas zu deutlich seine Meinung gesagt hatte.

Ohne Zweifel war die Art und Weise, wie die Regierung den Kaffeekonsum einzuschränken versuchte, völlig verfehlt. Zum einen wurden die Verordnungen nur wenig respektiert, weil es als ungerecht empfunden wurde, dem größten Teil der Bevölkerung bei schwerer Strafe etwas zu versagen, was anderen problemlos erlaubt wurde. Zum anderen war es völlig unmöglich, die Einhaltung der Verbote bei der großen Zahl von Ausnahmeregelungen und Sondererlaubnissen überhaupt noch zu kontrollieren. Zunächst sollten wohl nur die höheren Klassen der städtischen Bevölkerung zum Kaffeetrinken berechtigt sein. Bald aber wurde dieses Vorrecht auch dem Hofschneider, dem Hofkaminfeger, dem Hofschieferdecker, sämtlichen Hoflivreebedienten, den Kanzlei-, Hofgerichts-, Konsistorial- und Kammerboten und vielen anderen gewährt. Schon um hinter diesen nicht zurückzustehen, ließen sich dann auch viele Handwerker eine Sondererlaubnis zum Kaffeetrinken ausstellen. Wieder andere erhielten das begehrte Vorrecht auf Grund eines ärztlichen Attestes. Auch den Juden wurde der Kaffee aus Gesundheitsrücksichten – wegen des vielen Fastens – erlaubt. Die Anzahl der Berechtigten wurde schließlich von der Regierung auf sage und schreibe 2 000 Familienvorstände berechnet, während es zu dieser Zeit in Lippe überhaupt nur etwa 10 000 Familien gab. Es war natürlich gänzlich ausgeschlossen, unter diesen Umständen das Kaffeeverbot zu überwachen. Die Beamten scheinen auch schnell resigniert und es dann gar nicht mehr ernstlich versucht zu haben. Die Verbreitung des Kaffees in Lippe wurde durch die zahlreichen Edikte auf jeden Fall nicht im geringsten aufgehalten. Nach dem Tode von Graf Simon August geriet es unter der darauffolgenden Regentschaft mehr und mehr in Vergessenheit. Endgültig aufgehört hat die „Kaffeeschnüffelei" allerdings erst zur Zeit der Fürstin Pauline. Diese nämlich erkannte im Jahre 1814, daß „die früheren strengen Verbote gegen Trinken und Verkaufen des Caffees (...) die gewünschte Würkung vollkommen" verfehlten. Und so verfügte sie: „Da indessen selbst die in den letzten Jahren eingetretene Continentalsperre und der hohe Preis der indischen Waaren den Caffee nicht ganz zu verdrängen vermogten, sondern nur der Gesundheit noch nachtheiligere Surrogate herbey führten, so heben wir nunmehr die nur den Namen nach

bestehenden, zu den jetzigen Zeitumständen nicht mehr passenden Verordnungen (...) hierdurch gänzlich auf."
Die Surrogate! Genügsamkeit, Sparsamkeit und Erfindungsgeist der Lipper ließen diese nicht nur Mittel ersinnen, „schlechten Kaffee wohlschmeckend zu machen", sondern führten auch zur Kreation ganz neuer „bisher nicht bekannter inländischer" Kaffeegetränke. So wurden in lippischen Zeitungen getreu dem alten lippischen Wahlspruch „Der Mensch kann seine Zunge zu allem gewöhnen" die merkwürdigsten Kaffeerezepte veröffentlicht, von denen hier zwei wiedergegeben werden sollen (Nachahmung nur bedingt empfohlen!):

Eichelkaffee

Es werden ausgesuchte reife und nicht wurmstichige Eicheln genommen, selbige von ihrer Schale enthülst; der Kern, welcher sich leicht von einander zertheilt, wird nochmal zerschnitten, daß die Stückgen die Größe einer Feld- oder Kaffeebohne erhalten, sodann werden sie nach eines jeden eigener Bequemlichkeit in gelinder Wärme getrocknet, von diesen getrockneten Eicheln werden drey, vier, fünf bis sechs Theile zu einem Theile Kaffeebohnen zugesetzt, und in einen verschlossenen Brenner bey nicht allzu starkem Feuer gebrannt bis zur Castanienbräune; sodann gemahlen, und auf die Person 1 Loth mit dreiviertel Schoppen Wasser gekocht, und nachdem man ihn eine kleine Weile stehen lassen, so wird gewiß ein Kenner erfordert, der einen erheblichen Unterschied machen soll; da dieser Kaffee das kralligte Oehl nicht hat, wie der würkliche; so braucht man weniger Zucker, ja wer gute Milch zusetzt, kann des süßen Salzes ganz entbehren.

Lippische Intelligenzblätter, 1781

Runkel-Rüben-Kaffee

Die Runkel-Rübe, welche einige wenige bisher nur als gutes Futter für Kühe gezogen, gibt einen wohlschmeckenden, und wie die Erfahrung gelehret, sehr gesunden Kaffee. Wer von gelben und Zichorienwurzeln Kaffee zu machen verstehet, kann ihn auch von dieser Rübe machen; es wird damit gerade so verfahren. Nur muß man sie in kleine Stücke schneiden, weil sie im Brennen völlig so groß wieder werden. Sind sie aber zu groß, so können sie auf der Kaffeemühle nicht gemahlen werden; es sey denn, daß man sie vorher im Mörser zerstoßet.

Auch muß man sich beym Dörren in Acht nehmen. Bringt man diese in kleine Stücke geschnittene Rübe, gleich in große Hitze, so verlieret sie den Saft und so ihre ganze Kraft. Anfangs muß sie langsam gedörret werden. Hat man einen gedörreten Vorrath, so muß man denselben an einem trocknen Orte aufbewahren, sonst bleibt er nicht trocken. Wer einen gemahlenen Vorrath von diesem Kaffee haben will, muß ihn in einem Topfe vor aller Ausdünstung bewahren; weil er sonst von seiner Kraft außerordentlich verlieret. Frisch gebraucht ist er wohl am kräftigsten. In eine Kaffee-Kanne von zwölf Tassen, in welche drey Loth rechten Kaffee gethan wurden, werden nun drey Quentgen von dem Rüben- und ein Loth von rechtem Kaffee gethan und das Getränk ist vollkommen so kräftig als das von drey Loth reinem Kaffee. Auch dieser Kaffee soll sich am Geschmack nicht als inländischer verraten. Auch läßt er sich ohne den geringsten Zusatz von wahrem Kaffee trinken.

Lippische Intelligenzblätter, 1789

Anzeige von 1908

Register der Rezepte

Quellennachweis

Abbildungen und Gedichte stellten uns freundlicherweise zur Verfügung:
Gerhard Bachler: Seite 27, 33, 87, 96, 102,120 (z. T. entnommen aus: Lippe Anno dazumal I und II)
Lippische Landesbibliothek: Seite 5, 78
Lippisches Landesmuseum: Seite 14, 15, 18, 20, 28, 29, 34, 45, 73, 78, 133, 136, 165
Nordrhein-Westfälisches Staatsarchiv: Seite 16, 25, 85, 152
Verlag Dröge: Seite 42, 63 (entnommen aus: Fritz Schemmel, Pickers Kotten, 1963)
Heinz Wiemann: Seite 43, 49, 67

Notizen